Licenza di "Chissenefrega!"

Catalogo U7251776
ISBN 978-88-418-6396-1

Illustrazioni: Paolo Orlandi

Prima edizione ottobre 2010
www.deagostini.it
Redazione: corso della Vittoria 91, 28100 Novara

ELENA ORLANDI

Licenza di "Chissenefrega!"

Guida pratica per onesti egoisti

DeAGOSTINI

Sommario

A mio padre

Ingresso

Se il destino non ti fa ridere,
è perché non hai ancora capito la barzelletta.

Partiamo da una verità: cambiare è difficile. Difficile, ma non impossibile. Ed è in questa possibilità che entra in azione il mio libro e la promessa che fa al suo lettore: fornire una nuova prospettiva cui volgere lo sguardo, una guida passo dopo passo al raggiungimento dello stato di benessere psichico.

Vedere le difficoltà da una nuova prospettiva in cui il termine "ostacolo" diviene sinonimo di "opportunità" conduce alla felice scoperta che esiste un modo diverso di considerare la realtà e, di conseguenza, all'acquisizione di una rinnovata fiducia nella ricerca della propria personale visione, svincolata dai condizionamenti imposti da famiglia-cultura-tradizioni prima e società-cultura-tradizioni poi.

Il traguardo coincide con la presa di coscienza che la visione della realtà può assumere il colore che più preferiamo darle. E questo non accade magicamente, bensì attraverso un costante lavoro su sé stessi. E come le più belle storie, anche quella dell'uomo parte da un "chi".

Sapere chi siamo è il primo *step* per pianificare qualsiasi progetto. Non possiamo chiamare Alitalia e prenotare un volo su New York senza specificare l'aeroporto di partenza. Così anche nella costruzione di sé: impossibile vivere senza sapere chi siamo. I burattini non lo sanno, non ne hanno bisogno essendo appesi ai fili. Noi, invece, sì.

Nel percorso che ci condurrà alla meta, dovremo mettere in conto una fase di puro allenamento e magari anche un certo numero di sconfitte. Ma, ritrovando noi stessi, recupereremo il nostro benessere.

Siamo abituati a investire tantissimo su qualsiasi cosa, tranne che su di noi. Da qui hanno origine i problemi. E non saremo mai disposti a investire su di noi finché non sapremo chi siamo e cosa vogliamo. Pochi se lo chiedono. Per esempio, la maggior parte della gente fa un lavoro perché è un lavoro: non sa dire perché proprio quello, è capitato così, e poi ci è rimasta aggrappata con tutte le forze. Per ottenere un lavoro che nemmeno piace, c'è chi segue corsi per impostare la voce, per imparare a presentarsi, a stringere la mano al selezionatore, a proporsi nel modo giusto dal punto di vista della prossemica e bla bla bla... Poi si finisce incastrati nel meccanismo e ci si plasma a immagine e somiglianza di un identikit prefabbricato dal selezionatore.

Esattamente l'opposto di quel che accade nell'età dell'innocenza. Avete presente la casetta dove compaiono su tetto e pareti le figure geometriche nelle quali vanno inserite le forme corrette? È il gioco a incastro che serve al bambino per imparare a riconoscere le forme e le dimensioni degli oggetti. E quando ci giocavamo da piccoli, ci insegnavano a mettere il cilindro nel cerchio, il parallelepipedo nel quadrato e il prisma triangolare nel triangolo. Mica ci davano un martello per riuscire a ficcare il triangolo nel cerchio!

Poi però, a un certo punto – chissà mai perché – ci siamo ritrovati a giocare d'incastro con altre regole: uno è un triangolo, il suo lavoro è il cerchio, eppure ce la deve fare, quel posto deve essere suo. Allora si sforza il più possibile di essere un cerchio. Si iscrive a corsi e seminari per entrare nel cerchio senza essere un cilindro. Fa di tutto per andare contro la propria la natura perché essere giusti per quel posto di lavoro diventa lo scopo ultimo.

Anche in altri ambiti della vita, incluse le relazioni sentimentali, entrano in gioco meccanismi di questo tipo. Guardatevi intorno. Osservate quanta gente arrabbiata, stressata, frustrata vi circonda. Che cosa è mai successo? Il gioco a incastro non avrebbe dovuto consegnarci le chiavi della felicità?

La società segue regole cui noi sentiamo il dovere di adattarci a nostro discapito. La mediocrità, il conformismo hanno la meglio sul valore aggiunto della diversità.

La sfida è invertire questa nefasta tendenza e far trionfare l'unicità. Allora mettetevi comodi, leggete e imparate a riprendervi la vostra vita e a rispettare chi siete. Buon lavoro!

***

Se non ottieni ciò che vuoi dalla vita, non volgerti indietro, non additare nessuno, non cercare intorno a te ma guardati allo specchio: lì troverai l'unico responsabile e anche il solo in grado di porvi rimedio.

Rispetto ad alcuni concetti chiave, troverete questo libro "ripetitivo". Ma quei concetti sono così fondamentali perché il cambiamento possa aver luogo che hanno ragione e diritto di essere ripetuti.

> «Per tingere un panno sono necessari due processi. Dapprima il panno viene immerso nella tintura e si colora intensamente. Poi, dato che i colori non sono fissati, lo si lascia sbiadire al sole. Una volta sbiadito, il panno dovrà essere di nuovo re-immerso nella tintura e poi di nuovo lasciato sbiadire. Il processo dell'immergere e dello sbiadire viene ripetuto e ogni volta il colore diventerà un po' più forte, finché il panno alla fine non sarà completamente tinto e non sbiadirà più nemmeno se lasciato al sole più splendente».
> (Peter Russell, *Verso stati più elevati di coscienza: tecnica della meditazione trascendentale*, L'inchiostroblu, Bologna 1989)

Si tratta inoltre di un testo in crescendo: inizialmente si stabilisce un linguaggio comune per poi entrare nel vivo del discorso. Come accade per i videogiochi, lo scopo è arrivare all'ultimo piano. Ergo: vietato arrendersi prima della fine. In fondo al volume sono raccolti gli schemi riassuntivi di ciascun piano, compreso questo **(FIG. → PAG. II)**. Il mio consiglio è seguirli attentamente per una maggiore e più immediata comprensione. (Nonostante le apparenze NON è un libro al femminile, infatti ci sono anche le figure).

PIANO TERRA

L’origine

Siamo felici? Siamo soddisfatti della nostra vita?

Ci dicono che se qualcosa della nostra vita non ci soddisfa, basta cambiare. E qualcuno azzarda anche che è facilissimo.

Qui parte il grande fraintendimento della storia dell’uomo: chi o che cosa deve cambiare? Sì, perché è facile parlare di cambiamento quando si tratta degli altri. Siamo bravissimi a dispensare consigli su come riuscirci. E se invece toccasse a noi? Del resto, se gli insoddisfatti siamo noi, a rigor di logica, spetterà a noi il cambiamento: se ho la tosse, non è che lo sciroppo lo deve prendere un altro.

Ma la verità è che cambiare è difficile. Per questo ci aspettiamo sempre che siano gli altri a farlo.

Il cambiamento crea un momentaneo vuoto e la difficoltà sta nell’imparare a gestirlo senza confonderlo con la mancanza. Questo accade quando ci mettiamo in discussione e decidiamo di eliminare ciò che nella vita non funziona più. Percepiamo quel vuoto e ci sentiamo smarriti. Prima, quantomeno, qualcosa c’era. Sì, è vero, non ci piaceva però c’era. E adesso? Il nulla? No, adesso abbiamo l’opportunità di riempire il vuoto di tutto ciò che vogliamo noi. Se siamo già ricolmi, come possiamo pensare che ci sia spazio per il nuovo?

Ed è proprio qui, nella difficoltà di intraprendere un percorso di cambiamento, che ha origine la nostra tormentosa storia... qui dove emerge la paura, quale responsabile della tessitura di fili che ci trasformano in burattini manovrati da un copione... qui dove nascono frustrazione e sofferenza e insieme l'incessante e disperato tentativo di sconfiggerle combattendole. E la guerra ha inizio.

Eppure, se per una volta osassimo entrare da protagonisti nella nostra vita e, anziché arrabbiarci per i nostri errori o per quelli altrui, ci concentrassimo su ciò che abbiamo imparato nei piccoli passi verso il cambiamento, scopriremmo che la paura è un freno a mano tirato che ci impedisce di procedere e l'estenuante lotta contro la frustrazione e la sofferenza non è di alcuna utilità: è solo energia sprecata, che, al massimo, riesce a placare i sensi di colpa. Eh sì, perché dal momento che ci sembrava "una faccenda da poco" avere a che fare con la frustrazione e la sofferenza, abbiamo deciso che un buon "senso di colpa" poteva completare degnamente il quadro.

E con il senso di colpa il cambiamento diventa un'impresa ancora più complessa.

È vero che, se lo si desidera, si può cambiare in un attimo. Non occorre più di un secondo per lasciare il lavoro, la moglie o il marito, buttarsi dalla finestra, seguire una brillante intuizione, mandare al diavolo la dieta e mangiarsi un bignè o, ancora, firmare un contratto milionario. Il punto, accidenti, è arrivarci a quel benedetto secondo! E arrivarci è decisamente dura.

È dura perché solo motivazioni interiori solide e profonde possono portarci a quel secondo e, a complicare le cose, rimane il fatto che stiamo inesorabilmente perdendo la capacità di ascoltarci e scoprire cosa si nasconde dentro quella profondità. Quindi, se la motivazione al cambiamento proviene da dentro e noi guardiamo ostinatamente fuori, addio "secondo di gloria"!

Ora, stabiliamo un inizio da cui partire per ricostruire la storia della frustrazione-sofferenza-senso di colpa dell'umanità. È importantissimo farlo perché frustrazione-sofferenza-senso di colpa riducono la felicità a semplice miraggio e, di conseguenza, ci impediscono di raggiungerla.

All'inizio ci sono Adamo ed Eva, un albero – non uno qualsiasi, bensì l'albero della conoscenza – una mela e un serpente (i due coccodrilli e il resto della banda non hanno a che fare questa storia).

Siccome non ho intenzione di dilungarmi in dettagli inutili e tormentosi, sorvolerò su chi ha convinto chi e chi si è fatto convincere da chi: è sufficiente sapere che la mela, ossia il frutto della conoscenza, è stato di fatto mangiato. Così Adamo ed Eva, beati ma ignari, iniziano a sperimentare e a conoscere. Per esempio, diventano consapevoli di essere nudi **(Fig. → pag. III)**.

Bene. Ora lo sanno mentre prima ne erano ignari: che male c'è in questo? Perché mai da questa bellissima storia in cui la morale è scegliere la conoscenza anziché l'ignoranza, dovremmo estrapolare il peccato originale? Personalmente trovo peccaminosa l'ignoranza. Non è ammessa nemmeno dalla legge.

Ah, sì, scusate, il punto è che ad Adamo ed Eva è stato ordinato di non mangiare il frutto di quell'albero e loro disubbidiscono. Ma, allora, perché mettergliela a portata di mano, quella benedetta mela?

Sono dell'idea che, se tutti ci limitassimo all'ubbidienza, saremmo burattini incapaci di muovere un passo da soli. E allora perché dotarci di un cervello anziché di una scheda elettronica e di un telecomando?

La storia annovera molti personaggi-eroi che hanno disubbidito: Giordano Bruno, Francesco d'Assisi, Giovanna d'Arco, il Buddha, Gesù stesso, il figliol prodigo, Robespierre, il primo nero che si è ribellato alla schiavitù, ... l'elenco è davvero lunghissimo. E noi, e la storia, li ringraziamo tutti di cuore. Sì, è vero, nell'elenco andrebbe incluso anche l'«obbedisco» di Garibaldi, ma quella è tutta un'altra faccenda.

Quindi, nessun peccato originale!

E, se al potere i burattini ubbidienti fanno comodo, è un fatto incontrovertibile che solo un sano interesse per sperimentare, capire e conoscere – accettando che cali il sipario sull'incanto di una vita di ingenua beatitudine – può condurre avanti, con consapevolezza, in direzione del benessere. Del resto, anche il beato ignorante è beato e felice fintanto che l'inganno non gli si rivolta contro. Poi dovrà accettare e affrontare la realtà che, come tutti sappiamo, è un po' diversa. Ma può comunque tornare a essere beata, consapevolmente beata.

Fissiamo quindi il secondo, importante *step* che induce al cambiamento: saper rischiare. Rischiare può voler dire compiere un salto nell'ignoto, e l'ignoto fa paura, si sa. Eppure, in definitiva, l'unico dato certo di cui disponiamo in questa vita è la morte. Riflettiamoci bene, quali altre certezze abbiamo? Tutto è ignoto e il bisogno di sicurezza, che a volte sfocia in una vera e propria ossessione, si traduce nella vana illusione di un controllo apparente. Occorre destarsi dall'illusione e includere nell'albo delle certezze la sola esistente: non c'è alcuna vera certezza. Il nostro compito è accettare l'ignoto quale parte integrante della vita e smettere di temerlo, allentando di conseguenza la tensione, e tuffarvisi con curiosità e fiducia, imparando a viverlo come una risorsa cui attingere. Osservando il mare in tempesta, si stenta a immaginare che la vita sottomarina prosegua indisturbata. Allo stesso modo, quando attraversiamo un momento di particolare difficoltà, ci risulta difficile credere che dentro di noi sopravviva un'oasi di tranquillità nella quale trovare riparo. Tuttavia esiste. Immaginiamola come un'isola pronta a emergere dal mare quando il livello di tensione cala e siamo preparati a "lasciare andare", a correre il rischio.

In *Un nuovo mondo* Eckhart Tolle scrive:

> «... quando lasci andare internamente, quando ti arrendi, una nuova dimensione della coscienza si apre. Se l'azione è possibile o necessaria, la tua azione sarà in linea con il tutto e supportata dall'intelligenza creativa, la coscienza incondizionata che, in uno stato di apertura interiore, diventa un tutt'uno con te. Le situazioni e le persone diventano utili, cooperative. Le coincidenze accadono. Se l'azione non è possibile, resti in pace e la serenità interiore arriva con la resa. Tu resti con Dio».

PRIMO PIANO

Chi siamo dal punto di vista emotivo-affettivo?
(L'unico che valga la pena indagare)

Un bambino è una metà. Nel corso delle sedute nel mio studio, lo disegno volutamente come una metà, perché il bambino non è un adulto in miniatura, ma un essere che *ha bisogno*, *pretende* e *dipende* da chi si prende cura di lui.

Il bambino, a livello inconscio, sa di non essere in grado di sopravvivere da solo, ed è questo il motivo per cui vive in un costante sottofondo di paura.

Il bambino *è* paura. Per questa ragione giocare sulla sua paura è un nonsenso: significa vincere facilmente *(Fig. 1.1)*.

La metà del bambino e il costante sottofondo di paura.

I genitori e gli adulti che si prendono cura di lui rappresentano l'altra metà del bambino: sono loro a fornirgli i cinque ingredienti fondamentali di cui ha bisogno *(Fig. 1.2)*.

Il completamento del bambino avviene grazie al passaggio dei cinque ingredienti fondamentali.

E il bambino, che solo in questo modo si sente un intero, può tirare un sospiro di sollievo.

Ora, se esistesse il genitore perfetto, tutto scorrerebbe via liscio senza intoppi. Vivremmo vite perfette in un mondo altrettanto perfetto, e la paura sarebbe ridotta alla sua funzione primaria.

Dal momento che il genitore perfetto non è ancora approdato sulla Terra, il genitore imperfetto – che invece la popola a ogni latitudine e in ogni cultura –, nel fornire gli ingredienti essenziali al proprio figlio, lascerà immancabilmente, suo malgrado, dei vuoti che verranno automaticamente riempiti con la paura, la quale si insinuerà e si espanderà *(Fig. 1.3)*.

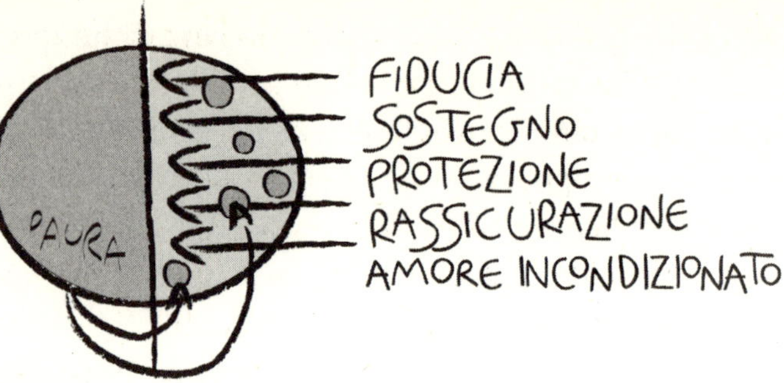

FIG. 1.3

I buchi lasciati dal genitore imperfetto si riempiono di paura.

Tranquilli: lasciare vuoti è umano. È con l'arrivo dell'adolescenza che si affronta il compito di colmare i vuoti lasciati dai genitori per procedere lungo la linea dello sviluppo evolutivo: andare oltre la generazione precedente è infatti l'impegno di ogni nuova generazione.

Ma procediamo con ordine.

Il primo stadio dello sviluppo emotivo-affettivo è la "fase della personalità" che coincide con il "regno della dipendenza-bisogno-pretesa".

L'etimologia del termine "personalità" risale al mondo del teatro: *persona* è la parola latina usata per indicare la maschera di legno che gli attori del teatro greco e romano ponevano dinanzi al viso per interpretare le diverse emozioni e i diversi ruoli.

La "personalità" quindi, nonostante il significato comunemente attribuitole, indicherebbe la modalità interpretativa che scegliamo come più efficace nel relazionarci con l'altro. Non designa pertanto "chi siamo": dire "uomo di forte personalità" o di "spiccata personalità" è in qualche modo un nonsenso. Lo slogan potrebbe invece essere: «La tua personalità non sei tu!».

Ma allora chi siamo? Il gioco della vita ha proprio questo fine: scoprirlo. Attraverso il coraggio di vivere le diverse esperienze che l'esistenza stessa ci offre. Quindi, bando alla fretta: abbiamo tutto il tempo per riuscirci, mentre interpretiamo via via i vari "ruoli". Sono questi ruoli a insegnarci che la vita vera inizia proprio al di là di essi, un piccolo passo oltre, con l'improvvisazione.

E pensare alla fatica che si fa per riuscire ad avere tutto sotto controllo, quando è proprio il bisogno di controllo a generare il malessere.

Attraverso la comprensione di ogni nuova esperienza che ci concediamo di vivere, assottigliamo ognuno dei fili che costituiscono il "legame di dipendenza". I fili ci impongono precisi comportamenti, alla stregua dei burattini, ci tengono vincolati a legami di cui invece dovremmo disfarci, imparando ad autofornirci gli ingredienti di cui abbiamo bisogno *(Fig. 1.4)*.

Tagliare i fili è il vero e unico obiettivo, ma è difficile farlo proprio per il nutrimento che sono in grado di fornire. E, comunque, rimanere aggrappati ai fili significa, solo ed esclusivamente, temere di non farcela da soli. Non assumersi le responsabilità della vita. Lasciare che vinca la paura. Restare eterni bambini. Impedirsi di crescere.

Il primo stadio si chiama "fase della personalità" perché è a questo punto che il bambino – nel tentativo di tenere sotto controllo la paura e con l'obiettivo di assicurarsi l'apporto di amore, rassicurazione, protezione, sostegno e fiducia di cui ha bisogno – mette in atto una

FIG. 1.4

Il bambino ha bisogno e quindi pretende l'afflusso dei cinque ingredienti: non è capace di vita indipendente e come un burattino si muove in funzione dei fili.

serie di comportamenti, inizialmente casuali e dettati dal temperamento, ma in seguito affinati all'interno di veri e propri copioni in funzione dei rinforzi che i genitori prima e la società poi gli invieranno attraverso risposte, comportamenti e concessioni.

La meravigliosa storia di Pinocchio insegna.

Chi è Pinocchio? No, vi prego, non rispondetemi che è il burattino di legno a cui si allunga il naso quando dice una bugia.

Pinocchio non rappresenta questo, non solo quanto meno. La storia di Pinocchio, la più bella favola mai scritta, simboleggia l'evoluzione umana dal punto di vista emotivo-affettivo (costruzione dell'individuo). Le favole che ci raccontavano da bambini sembravano suggerire che la felicità sarebbe arrivata su uno splendido cavallo bianco o per mezzo del bacio di un principe che ci avrebbe salvate da un sonno senza fine o, ancora, grazie a un paio di stivali dotati di poteri soprannaturali. Pinocchio, invece, è una storia di verità: la felicità si conquista vivendo, sbagliando e imparando sulla propria pelle.

La vicenda vede protagonista un burattino ingenuo (bambino), il quale attraverso le esperienze della vita, che si concede di sperimentare senza troppi indugi, impara lezioni preziosissime che gli consentiranno di costruirsi come individuo. Del resto, l'essere umano può avvalersi di due metodi di apprendimento: per *insight*, quando, per intenderci, si accende la famosa lampadina oppure, più comunemente, per "prove ed errori", da cui si evince quanto sia stupido temere di sbagliare.

Ecco dunque il grande pregio di Pinocchio: si concede di provare, sbagliare e... imparare. Un esempio: ci sono tre monete e viene detto che seppellendole in un certo campo, chiamato campo dei miracoli, crescerà poi l'albero della cuccagna. A partire da tre sole monetine sarebbe possibile ottenere un albero intero. Il protagonista dell'avventura delle tre monete, il nostro amico Pinocchio, nella sua ingenuità non può sapere se è vera o non è vera questa faccenda dell'albero della cuccagna. Ma vuole quell'albero, quindi fa benissimo a correre il rischio e tentare la prova. Solo dopo aver sperimentato in prima persona, possiamo capire. E allora subentra il disincanto: Pinocchio capisce che si trattava di una truffa. Prima non poteva saperlo, dopo sì. Ora ha appreso che esistono le truffe, e questo insegnamento non vale forse tre monete?

Pinocchio, e tutti noi, non siamo fatti per ubbidire, e muoverci in funzione dei fili (= bisogno di amore, rassicurazione, protezione, sostegno, fiducia forniti da altri). Siamo fatti per sperimentare e imparare dagli errori che si commettono vivendo. L'esperienza vissuta ci consentirà di sviluppare le capacità necessarie per conquistare l'autonomia. Potremo così tagliare i fili che, pur soddisfacendo i nostri bisogni, ci tengono imprigionati e costretti *(Fig. 1.5)*.

I vincoli costituiscono, da una certa età in poi, un prezzo troppo alto da pagare.

In Pinocchio il processo di trasformazione alchemica del piombo in oro è rappresentato dal mutamento del burattino (ingenuità) in uomo (consapevolezza). Trasformazione resa possibile dall'accettazione incondizionata dell'avventura della vita, con le sue esperienze più svariate che sono in grado di condurci a comprendere chi siamo.

La corsa all'oro si traduce nella riscoperta dei valori e dei princìpi, i soli in grado di consegnarci le chiavi della felicità.

Questo ci dice la storia di Pinocchio.

Attenzione: esistono corsi di formazione che insegnano le tecniche per raffinare il ruolo del burattino: destrezza nei movimenti e invisibilità dei fili, scioltezza nella recitazione e perfezionamento del copione. Ma sono un'altra, grande fregatura: perfezionare la parte del burattino non vi aiuterà di certo a smettere di esserlo.

Anzi.

Entriamo quindi nel mondo dei burattini, proviamo a tornare con la memoria all'infanzia e a identificarci con una delle due modalità di reazione illustrate di seguito.

Abbiamo visto che il bambino è fondamentalmente paura. Noi adulti lo aiutiamo fornendogli i preziosissimi e insostituibili cinque ingredienti elencati sopra. Non sempre siamo in grado di assolvere questo compito e allora il bambino sente crescere la paura, cui fa fronte mettendo in atto comportamenti che possano controllarla.

■ Per esempio, immaginate di essere un bambino e di sentire casualmente in TV di una mamma che è uscita per fare la spesa e non è più rientrata. Potreste registrare questa notizia come un allarme latente, in funzione del momento particolare in cui la state apprendendo, della

Compito dell'adolescente è tagliare i fili e abbandonare la personalità per costruire l'individuo.

vostra esperienza e dei vostri bisogni. Poi, in un secondo momento, all'annuncio dell'intenzione di vostra madre di uscire per andare a fare la spesa, potreste, per associazione di informazioni, avvertire un vuoto (la mamma che va) riempirsi velocemente di paura (la mamma non torna) e di conseguenza potreste mettere in atto un comportamento ostile, minaccioso, in una parola INTIMIDATORIO, nel disperato tentativo di trattenere la mamma a casa.

Non state facendo "scenate", non state facendo i "capricci": avete paura. E scatta l'allarme: «E se poi non dovesse tornare? Che ne sarebbe di me? Come potrei sopravvivere?».

Dal momento in cui il comportamento AGGRESSIVO e disperato che avete messo in atto ha successo – ossia la mamma rinuncia a uscire per fare la spesa – voi aprite un file "emergenza" nella vostra memoria emotivo-affettiva che chiameremo "comportamenti di successo", nel quale saranno enumerate le modalità "urlare, pestare i piedi, imporsi". Si è creato un precedente: da quel momento, tutte le volte che sentirete crescere la paura, aprirete il file "comportamenti di successo" e metterete in atto lo stesso comportamento, già rinforzato in precedenza perché aveva risolto una situazione.

E aggiungo... ovviamente!, proprio per sottolineare l'assurdità dello stupore che a volte proviamo nei confronti dei comportamenti messi in atto dai bambini. Sono spa-ven-ta-ti e farebbero qualunque cosa pur di far rientrare l'allarme. E naturalmente prenderanno prima di tutto in considerazione ciò che ha già funzionato in precedenza.

E se la strategia d'attacco funziona, crescerete e diventerete degli adulti con un comportamento difensivo "intimidatorio" rinforzato. Per riuscire a ottenere il controllo, anche solo apparente, della situazione – bisogno di controllo generato direttamente dalla paura – vi relazionerete col mondo esterno interpretando, letteralmente, il ruolo dell'intimidatore.

Se non avete ben chiaro il comportamento dell'adulto intimidatorio, non disperate: è sufficiente accendere il televisore e seguire un telegiornale. Lo scontro tra due intimidatori è all'ordine del giorno: «Dopo una lite, uccide il vicino di casa perché teneva il volume della radio troppo alto» oppure: «Automobilista accoltellato da un altro automobilista: gli aveva tagliato la strada». E ancora: «Fa un complimento a una ragazza e il fidanzato lo accoltella». Sono solo alcuni degli innumerevoli esempi. Chiaro adesso?

■ Sul fronte opposto potrebbe invece andare così: immaginate di essere un bambino e di sentire casualmente in TV di una mamma che è uscita per fare la spesa e non è più rientrata. Potreste registrare questa notizia come un allarme latente, in funzione del momento particolare in cui la state apprendendo, della vostra esperienza e dei vostri bisogni. Poi, in un secondo momento, all'annuncio dell'intenzione di vostra madre di uscire per andare a fare la spesa, potreste, per associazione di informazioni, avvertire un vuoto (la mamma che va) riempirsi velocemente di paura (la mamma non torna) e di conseguenza potreste mettere in atto un comportamento VITTIMISTICO, lagnoso, nel disperato tentativo di trattenere la mamma a casa.

Non state facendo "scenate", non state facendo i "capricci": avete paura. E scatta l'allarme: «E se poi non dovesse tornare? Che ne sarebbe di me? Come potrei sopravvivere?».

Dal momento in cui il comportamento DIFENSIVO e disperato che avete messo in atto ha successo – ossia la mamma rinuncia a uscire per fare la spesa – voi aprite un file "emergenza" nella vostra memoria emotivo-affettiva che chiameremo "comportamenti di successo", nel quale saranno enumerate modalità come "piangere disperatamente e lamentarsi". Si è creato un precedente: da quel momento, tutte le volte che sentirete crescere la paura, aprirete il file "comportamenti di successo" e metterete in atto lo stesso comportamento, già rinforzato in precedenza perché aveva risolto la situazione.

E aggiungo… ovviamente!, proprio per sottolineare l'assurdità dello stupore che a volte proviamo nei confronti dei comportamenti messi in atto dai bambini. Sono spa-ven-ta-ti e farebbero qualunque cosa pur di far rientrare l'allarme. E naturalmente prenderanno prima di tutto in considerazione ciò che ha già funzionato in precedenza.

E se la strategia di difesa funziona, crescerete e diventerete degli adulti con un comportamento difensivo "vittimistico" rinforzato. Per riuscire a ottenere il controllo, anche solo apparente, della situazione – bisogno di controllo generato direttamente dalla paura – vi relazionerete col mondo esterno interpretando, letteralmente, il ruolo della vittima.

Se non avete ben chiaro il comportamento dell'adulto vittimistico, non disperate nemmeno qui: è sufficiente accendere il televisore e seguire un telegiornale. Anche in questo caso gli esempi non mancano: «Truffata dal mago che le prometteva vincite milionarie al Superenalotto»; «Vittima dell'emarginazione: nessuno vuole lavorare con lei», e ancora: «Aumentano i casi di mobbing...». Questi solo alcuni degli innumerevoli esempi. Chiaro adesso?

Il ruolo dell'INTIMIDATORE e il corrispettivo opposto della VITTIMA sono solo due dei ruoli, semplificati e generalizzati, che si possono interpretare fintanto che si appartiene al "regno del bisogno-pretesa-dipendenza" della personalità e rispecchiano quelli comunemente conosciuti con i nomi di "vittima" e "carnefice".

Tali ruoli possono essere attivi o passivi e vengono appresi per rinforzi successivi, cioè comportamenti a cui è seguita una risposta che in qualche modo ha fornito la sicurezza di cui si aveva bisogno.

Un altro esempio: banalmente, se non mi dai la caramella piango; tu vuoi evitare che io pianga, e mi dai la caramella. Diventa: tutte le volte che voglio qualcosa e non la ottengo, piango, confidando che ciò sia sufficiente a ottenere ciò che voglio.

Oppure: se tutte le volte che fai il bravo, ti viene data una caramella, in momenti d'insicurezza affettiva potresti richiedere una caramella a garanzia del fatto che sei bravo. Se non dovessi ricevere la caramella, ti verrebbe il dubbio di non essere bravo e quindi di non essere meritevole di amore. Di qui la paura che ti spinge a mettere in atto un comportamento in grado di controllare la paura stessa: pretesa della caramella.

Questi ruoli ci tengono legati alla necessità di soddisfazione del bisogno, responsabile della mancata crescita.

È durante l'adolescenza che, grazie all'impulso evolutivo (impeto), il bambino impaurito che eravamo trova la forza di "lasciare" il nido protettivo e rassicurante per volgere lo sguardo avanti, verso l'indipendenza... ("lasciare" è tra virgolette perché un conto è volgere lo sguardo, un altro è tagliare i fili che tengono legati a quel nido).

Il paragone seguente rende bene l'idea: una navicella spaziale ha bisogno di un motore propulsivo in grado di fornirle la spinta necessaria per attraversare l'atmosfera ed entrare in orbita. Senza quel motore la navicella non sarebbe in grado di entrare in orbita. Poi, però, il propulsore viene sganciato perché ha ormai svolto la sua funzione e non serve più.

Ora, l'adolescenza *è* quel motore propulsivo. C'è in gioco una forza potentissima (impeto) e l'adolescente stesso ne viene quasi sopraffatto, travolto, non sa bene come gestirla. Il compito dei genitori dovrebbe essere aiutare gli adolescenti a usare al meglio tale forza per "entrare in orbita". Invece spesso, troppo spesso, diventano il nemico, l'ostacolo contro cui lottare. L'ostacolo che si frappone alla libera espressione di quella forza fondamentale e propedeutica al passaggio alla vita adulta, indipendente. E allora l'adolescenza si trasforma da momento di "passaggio" a momento "burrascoso" ed è guerra aperta.

Forza ed energia vengono impiegate in una sequela di inutili battaglie per poi esaurirsi prima che l'adolescente sia riuscito a effettuare l'ambito passaggio. Il risultato sarà un eterno bambinone, con la complicità di mamma e papà.

Un errore molto spesso alimentato dai professionisti, che invitano i genitori a mettere in atto una strategia comune contro i figli: che sciocchezza!

Se l'adolescente è impegnato a difendersi dagli attacchi dei genitori, quanta fatica in più dovrà fare per riuscire nel suo intento?

E, soprattutto, che senso ha?

Domanda da un milione di dollari: «Come potrà riuscire a tagliare definitivamente i fili?» ovvero a smettere di essere un burattino per trasformarsi in un bambino in carne e ossa?

Risposta per l'adolescente: «Passando attraverso il sano e onesto egoismo».

Risposta per i genitori: «Avendo il coraggio di lasciare che la vita dell'adolescente si esprima».

Se è vero, com'è vero, che nel bambino c'è bisogno dell'intervento dei genitori per completare il cerchio, è altresì vero che l'adolescente non è più una metà che necessita di essere completata, bensì un intero che deve lavorare sui "vuoti" (paura) lasciati dai propri genitori imperfetti, in modo che la paura sia ridotta alla sua funzione primaria *(Fig. 1.6)*.

FIG. 1.6

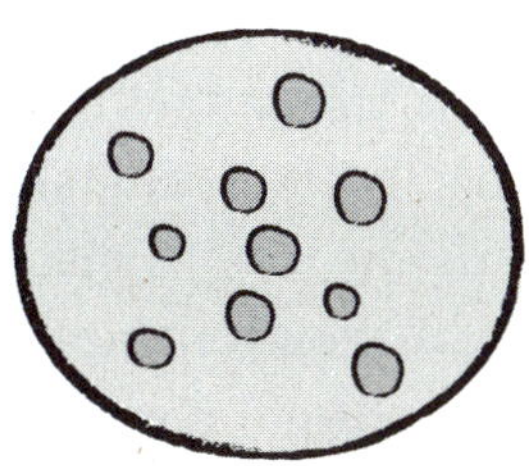

L'adolescente come intero ha il compito di eliminare i buchi lasciatigli in eredità dai genitori.

Come ho già anticipato, questo è il compito generazionale: andare oltre le "manchevolezze" della generazione precedente. Quindi, prendiamo atto e accettiamo il fatto naturale che un genitore e un adolescente non possono essere d'accordo su tutto. E guai se non fosse così: ci sarebbe qualcosa che non va.

Dicevamo del sano e onesto egoismo: che cosa s'intende?

Innanzitutto va detto che sano e onesto egoismo è espressione di autenticità. Ecco perché è sano, ecco perché è onesto. Non arricciate il naso: l'egoismo è fondamentale. Fidatevi. D'accordo: se n'è sempre e soltanto parlato male. E capisco che questo invito possa sembrarvi bizzarro e inconsueto. Del resto, io mi occupo di felicità: ne vedete tanta in giro?

Faccio un esempio: un adolescente è nella sua stanza a studiare. Legge e rilegge la stessa pagina, ma non gli rimane in testa niente. L'adolescente, ricordiamo, è una navicella con il motore a propulsione attivato. Sa che il motore c'è, ma non capisce bene cosa farne, è confuso. Sta vivendo una situazione nuova che peraltro non ha nemmeno voluto. Quindi, dicevo, il nostro adolescente si sforza di leggere, ma in testa non gli rimane niente, o almeno questa è la sensazione dell'adolescente che siete stati. Allora decide di sdraiarsi un attimo sul letto e ascoltare un po' di musica per rilassarsi. Poi, dopo essersi tranquillizzato, di sicuro riuscirà a studiare con profitto, pensa. Siamo di fronte a un comportamento autentico, messo in atto per gestire un momento di difficoltà.

Ma, richiamata dalla musica, irrompe nella stanza la madre dell'adolescente, che si arrabbia con il figlio "fannullone" che invece di studiare perde tempo ad ascoltare la musica. E tira fuori tutti i sacrifici che lei e il padre stanno facendo per consertirgli di studiare, privilegio di cui ai tempi loro non hanno certo goduto e bla bla bla…

Il nostro adolescente, a questo punto, ha due opzioni reattive e opposte tra loro, in funzione della sua personalità.

Opzione 1. Scatta e inveisce contro la madre e scoppia una lite. Nessuno dei due è disposto a cedere e a comprendere le buone ragioni dell'altro. L'adolescente alza al massimo il volume della musica in segno di sfida e sbatte la porta in faccia alla madre, che continua a sbraitare delusa. Morale: addio per sempre a relax e quiete e alla possibilità di studiare con profitto.

Opzione 2. Si chiude in sé stesso, rammaricato perché incompreso dalla madre. Si mostra accondiscendente e rinuncia all'idea di rilassarsi con la musica; frustrato e rassegnato torna sul libro e sulla pagina che continuerà a leggere senza che gli entri in testa nulla. Morale: addio per sempre a relax e quiete e alla possibilità di studiare con profitto.

Eppure, in un paese cattolico come il nostro, dovrebbe essere semplice accettare il sano e onesto egoismo. Quando Maria, dopo averlo cercato per tre giorni, trova finalmente Gesù nel tempio a discutere coi dottori, lui risponde alle sue preoccupazioni dicendo: «Perché mi cercavate? Non sapevate che devo occuparmi delle cose del Padre mio?». Non è questo un caso di sano e onesto egoismo?

Quante volte vi siete sentiti incompresi?

E quanto vi ha ferito? E allora avete reagito.

Ma l'aggressività va sempre letta come una richiesta d'aiuto. L'atto aggressivo o le parolacce di un adolescente ci danno la misura del suo stato di sofferenza. Più sono esasperate, maggiore è la sofferenza. Morale: la reazione emotiva dell'adulto nasce dall'incomprensione del comportamento del giovane e va a colpire il motore propulsivo con conseguente dispersione di energia, l'energia che serve per diventare adulti.

Quando un genitore cerca di limitare la libertà e le esperienze del figlio influenzando le sue scelte, di fatto lo sta manovrando attraverso i famosi fili del burattino. In questo il genitore è spinto dalla paura e alimenta il bisogno del figlio di mantenere un rapporto di dipendenza, che è l'esatto contrario di quello che richiederebbe il ruolo genitoriale. E poi si lamenta del figlio "bamboccione" senza capire che per avere un figlio "non bamboccione" occorre lasciargli spazio e accettare di sentirsi dire: «Non ho voglia».

Il compito più difficile di un genitore è lasciare il figlio libero di essere, di esprimersi, di andare. Mettendo in conto che quel figlio possa essere diverso dalle aspettative, che le sue libere espressioni potrebbero non essere sempre gradite e che lasciarlo andare è sempre difficilissimo.

Non è facile sentirsi dire: «Non ho voglia». Eppure è un passaggio indispensabile per approdare alla vita adulta: rappresenta l'accettazione di sé e l'espressione onesta di quel sé. È sano e onesto egoismo. È affermazione di sé.

E sano egoismo, in particolare durante l'adolescenza, significa dire spesso: «Non ho voglia». Essere vero e sentirsi libero di essere, esprimersi, andare.

Se il compito generazionale è andare oltre, il compito dei genitori è proprio agevolare questo andare oltre.

Sì, lo so: è difficile. Ma non impossibile.

E a noi interessa che sia possibile, non facile.

Se un genitore sapesse amare incondizionatamente il figlio, allora lo lascerebbe libero di essere, esprimersi, andare.

Anche quando è difficile.

Anche quando è doloroso.

Anche quando vede il figlio sul punto di commettere un errore, perché sa che è necessario che impari a capire da sé quando sta sbagliando. E ciò, spesso, è possibile solo attraverso l'esperienza diretta.

Ogni situazione che viviamo e ogni persona che entra nella nostra vita lasciano un dono che si chiama esperienza. Ciò che conta è riuscire ad accumulare molti di quei doni.

Si devono correre rischi: solo i morti non rischiano più nulla. La vita protetta sotto una campana di vetro non è vita.

Quando il nostro adolescente riuscirà a dire: «Non ho voglia» senza che mamma e papà svengano, siano ricoverati d'urgenza per un attacco cardiaco o addirittura muoiano di crepacuore, allora avrà avuto la possibilità di agire liberamente, fare esperienza e capire.

Attraverso la comprensione si sviluppa l'empatia, si acuisce la sensibilità del sentire.

E attraverso il proprio sentire il giovane imparerà a comprendere cos'è giusto e cos'è sbagliato, a formarsi l'idea di etica, cui faranno seguito i suoi primi princìpi di vita. Non dettami educativi, moralistici o etici stabiliti altrove, bensì costruiti *ex novo* grazie alla libertà di esprimersi e alla rinnovata sensibilità del sentire.

Che cos'è successo al nostro adolescente?

Semplice: sta imparando a conoscersi, a sapere chi è.

Si sente libero, amato, rassicurato, protetto, sostenuto e fiducioso: fa ciò che gli piace, che lo fa sentire bene, che gli dona gioia e benessere.

Riassumendo: è diventato un intero, non ha più buchi.

Di che cosa traboccherà quando sarà pieno, se non di ciò di cui si è riempito? E se è stato libero di fare con gioia, con piacere, di esprimere benessere e ne trabocca, come pensate possa essere stargli accanto?

La costruzione del sé passa attraverso il sano e onesto egoismo e il suo esito finale è il vero altruismo, quello gratuito. Stare accanto a qualcuno che sa essere davvero sé stesso innesca una reazione virtuosa di benessere, così come trovarsi accanto a una persona che ha continuo bisogno di conferme ed è ancora attaccata ai famosi fili produce la reazione contraria: ci si sente risucchiati e si vorrebbe scappare perché le sue azioni appartengono ancora al regno bisogno-dipendenza-pretesa.

La situazione:

faccio qualcosa per compiacere qualcuno perché di quella persona ho bisogno e in questo modo ottengo una sorta di bonus che successivamente potrò pretendere di riscuotere;

diventa:

faccio qualcosa per qualcuno solo per il piacere di farlo o semplicemente perché mi va. Non ho bisogno di qualcuno che mi stia accanto solo perché lo compiaccio; se qualcuno mi sta accanto voglio che sia solo per il piacere di esserci e non voglio ottenere alcun bonus di cui poter usufruire in futuro… sto bene adesso.

Ecco la chiave: stare bene adesso.

E su queste solide basi il nostro ex adolescente, diventato adulto, costruirà il proprio rapporto di coppia fondandolo sulla condivisione.

Questo naturalmente se le cose procedono nel verso giusto.

Purtroppo, però, accade spesso di vedere troppi ostacoli che in realtà non esistono, ma che siamo noi a creare in quanto frutto della paura. E le scelte che ne conseguono sono tutte dettate dalla paura e non operate per il nostro massimo bene *(Fig. 1.7)*.

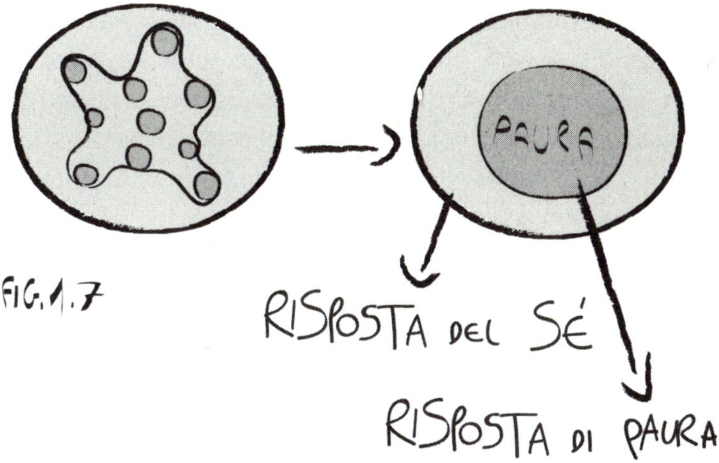

FIG. 1.7

Le bolle di paura si uniscono fino a formare un corpo di paura, una sorta di alter-ego che si esprime dentro di noi, creando disarmonia.

E questo tipo di scelte, è indubbio, porta sempre e solo alla sofferenza *(Tab. 1.1)*.

Il punteggio a seguito di una scelta operata in funzione della paura. Paura: 1 – Adolescente: 0.

Ipotizziamo il caso peggiore: l'adolescente non ce la fa.

Quale sarà il suo destino se non è stato agevolato e non ha avuto l'opportunità di essere un sano e onesto egoista? O magari, più semplicemente non ha avuto il coraggio di cogliere l'opportunità che gli si è presentata? Che cosa gli succederà?

Succederà che, anziché lavorare sui vuoti lasciati da genitori imperfetti, ne creerà di nuovi. Collezionando "buchi", pian piano si trasformerà in un colabrodo, e anche se riuscisse a fare qualcosa per il proprio benessere con tutti quei buchi sarebbe in grado di trattenere quella meravigliosa sensazione per troppo poco tempo.

Avete presente il gruviera? Se a un certo punto non si interrompesse il processo di fermentazione dei microrganismi, che fine farebbe il formaggio? **(Fig. → pag. IV)**.

Allora la via intrapresa sfocerà nell'esaurimento: il nostro adolescente presto o tardi arriverà a esaurire, per l'appunto, le energie disponibili e avrà la sensazione di precipitare.

Potrebbe anche darsi che si sforzi di cercare uno spiraglio per uscire dall'*impasse* o, quantomeno, una soluzione che lo aiuti a tamponarla. L'amico/a del cuore o il primo fidanzatino/a rappresentano la sostituzione ottimale.

Attenzione: sostituzione, non soluzione.

La differenza è sostanziale.

Nella sostituzione, i fili ci sono ancora tutti. Si verifica uno spostamento della fonte di nutrizione: dai genitori all'amico/a o fidanzatino/a. Il mezzo cerchio, che avevamo utilizzato per indicare il bambino, diventa la mezza mela che ben rappresenta la maggior parte dei rapporti di coppia adulti.

L'adolescente non è riuscito a sfruttare la prima opportunità per tagliare i fili e iniziare una vita autonoma, e si affida all'amico/a o fidanzatino/a per ricreare le sensazioni di amore incondizionato, rassicurazione, protezione, sostegno e fiducia di cui avverte ancora il bisogno.

Instaura così un tipo di rapporto che si potrebbe definire di "mutuo soccorso".

È amore diviso in due: una metà mela che incontra l'altra metà mela... "AMO" che incontra "RE".

La coppia si sostiene vicendevolmente poiché i soggetti che la compongono non sono in grado di provvedere a loro stessi indipendentemente l'uno dall'altro.

Questo ci riporta al regno della dipendenza-bisogno-pretesa del bambino, motivo per cui spesso nella coppia si evidenziano comportamenti infantili.

Ciascun membro pretende che l'altro apporti la metà di quanto occorre, pena il crollo della coppia stessa.

Già, perché se io apporto "AMO" e tu non apporti "RE"... dov'è l'"AMO-RE"?

Sfatiamo quindi il mito dell'amore, di questo tipo di amore, quello della metà in cerca dell'altra metà, del rapporto di coppia "AMO" + "RE" basato sul mutuo soccorso: anche solo per logica, solo "AMO-" o solo "-RE" non hanno senso, c'è bisogno che si completino.

Ma ricordate? Lo scopo è essere individui completi.

È tagliare i fili. È prima di tutto raggiungere il benessere. Poi, liberissimi di condividerlo. Ma se non c'è, allora cosa condividiamo? Il bisogno?

E dov'è l'amore nel bisogno? Capite che è una contraddizione in termini?

L'amore è assenza di bisogno, e dal momento che abbiamo chiarito che quello finora descritto in realtà non è amore, distinguiamo il rapporto di mutuo soccorso da una relazione d'amore vera e propria formata da "individuo" + "individuo" e basata sulla condivisione.

Quando instauriamo un rapporto di coppia "AMO" + "RE", ci sentiamo subito meglio. Sentirsi un intero è decisamente più gratificante che sentirsi una metà. Dopo un po', però, iniziano a sorgere piccoli problemi e incomprensioni: la metà perfetta non esiste in un mondo imperfetto. E due teste sono più difficili da mettere d'accordo di una.

Allora che succede? La parte "AMO" può anche essere disposta ad andare incontro alla parte "RE" ed esaudire le sue richieste. Però non è in grado di occupare spazi che la sua struttura non gli consente di occupare. Un po' come accade con la famosa "copertina di Linus" una volta che siamo diventati adulti: se riusciamo a coprirci i piedi, rimangono scoperte le spalle; se ci copriamo le spalle, automaticamente si scoprono i piedi e se anche decidessimo di rannicchiarci tanto da riuscire a coprirci interamente, a un certo punto sentiremmo il bisogno di sgranchirci: non è possibile resistere a lungo in posizioni costrittive.

E così la coppia "mutuo soccorso" entra ufficialmente in crisi. Ma non è il caso di disperare: vi ricordate? Le crisi sono una benedizione divina.

Bene: cosa può accadere a questo punto?

Le vie percorribili sono due.

Possiamo scegliere di starcene un po' in crisi, magari di trovarci un amante che ci dia quello che non riceviamo più dal nostro compagno. E, detto così, suona anche discolpante: è l'altro che non ci dà tutto ciò di cui abbiamo bisogno. E, se ci diamo da fare e ce la raccontiamo bene, convincendoci quanto basta, possiamo addirittura arrivare a credere che le vittime della situazione siamo noi. Ovviamente, stazionando per lungo tempo in questo stato di crisi, con un po' d'impegno riusciremo anche ad adattarci. Non staremo alla grande, ma abbiamo talmente paura di perdere "–RE" da essere pronti a detestarlo e a tradirlo, piuttosto che lasciarlo.

In questi casi è come se il disco, un vecchio 45 giri, si incantasse e il fluire della vita, rappresentato dalla puntina sul solco inciso, si bloccasse e continuasse a girare sempre sullo stesso cerchio, che diventa il nostro circolo vizioso. Ora, sappiamo bene che senza un intervento, la stessa strofa cantata dal disco potrebbe ripetersi all'infinito. In questi casi sfido chiunque a credere alla vita eterna: altro che l'inferno!

Ci siamo soffermati in particolare sulla dipendenza nella vita di coppia, ma lo stesso vale per tutte le altre forme di dipendenza che si sviluppano nell'esistenza. Ci si può illudere che siano una soluzione, e invece sono come il farmaco che attenua il dolore, attenua il sintomo ma non cura la causa. E per giunta comporta anche effetti collaterali devastanti. Sono sempre e solo un succedaneo: una ricerca, a volte anche disperata di "-RE", quel "-RE" che cercato al di fuori di noi potrà solo darci l'illusione della completezza.

La vita non va curata: va vissuta.

E nonostante alcune forme di dipendenza siano maggiormente tollerate e socialmente più accettabili, resta il fatto che si tratta comunque di dipendenza, ossia di un appiglio. E il concetto di "appiglio", rappresentato da "-RE", è molto lontano dallo "spiegare le ali e volare in alto".

Lo studente timido diventa il secchione che usa il sapere per sentirsi bene. Ha *bisogno* di identificarsi con colui che sa. E quando non dovesse sapere qualcosa? Dramma. E peraltro, che fatica assumere e mantenere il ruolo di chi deve sapere sempre tutto!

Il top manager che lavora 24 ore su 24 trae dal lavoro le sue soddisfazioni e quindi la sensazione di completezza. La sua vita familiare, o comunque extra lavorativa, sarà verosimilmente un disastro.

Certo, dal punto di vista sociale meglio un secchione, uno stacanovista e un matrimonio asfissiante rispetto a una tossicodipendenza o all'alcolismo. Ma dal punto di vista dello sviluppo emotivo-affettivo, siamo sullo stesso piano e precisamente quello del bisogno-dipendenza-pretesa della personalità. E gli adulti che appartengono a questo piano, prima o poi, dovranno decidersi ad affrontare la paura che portano dentro e a liberarsene.

In che modo? Impegnandosi a lavorare sui "buchi" lasciati in eredità da mamma e papà. Solo così svilupperemo le qualità in grado di procurare una vita indipendente ed equilibrata. E potremo accedere al regno della consapevolezza e vivere da individui adulti, tenendo in debita considerazione anche che:

- il mancato amore ci porterà a provare DISPREZZO;
- la mancata rassicurazione ci farà sentire costantemente la PREOCCUPAZIONE;
- il mancato sostegno ci convincerà di essere delle vittime e di avere BISOGNO DI SUSSIDIO;
- la mancata protezione ci farà intravedere ovunque un OSTACOLO;
- la mancata fiducia creerà DIFFIDENZA.

D'altra parte, invece, possiamo scegliere di sfruttare l'opportunità che ci viene offerta proprio dal momento di crisi e decidere di completarci.

Per esempio, prendendoci il tempo necessario per comprendere che cosa vogliamo davvero, lavorando su noi stessi per chiudere tutti i "buchi".

Il lavoro che ci si prospetta è senza dubbio duro ma una volta compiuto sarà per sempre: e che soddisfazione! Non dovremo più affannarci per ottenere magre compensazioni che durano lo spazio di un attimo.

E non pretenderemo più di sentirci amati, poiché avremo sviluppato l'AMOR PROPRIO e sentiremo il piacere di condividerlo.

Non avremo più bisogno di essere rassicurati, poiché avremo sviluppato il CORAGGIO, che ci aiuterà ad affrontare le situazioni difficili che incontreremo lungo il cammino.

Non dipenderemo più dal sostegno degli altri, poiché avremo sviluppato la necessaria AUTONOMIA per affrontare le incognite della vita.

Non avremo più bisogno di protezione, poiché avremo sviluppato L'AUTOSTIMA.

E, infine, non sentiremo la necessità che ci venga accordata fiducia, poiché saremo noi i primi ad assumerci la piena RESPONSABILITÀ di ogni nostro pensiero, di ogni nostra azione *(Fig. 1.8)*.

Non è che una questione di scelte e sono proprio le scelte a fare la differenza nella vita.

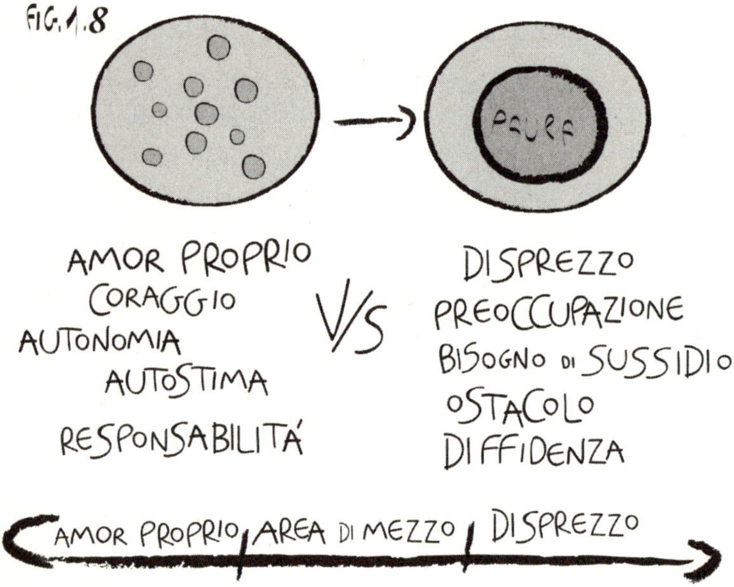

Le bolle di paura si esprimono dentro di noi attraverso disprezzo, preoccupazione, ostacolo, bisogno di sussidio e diffidenza.

Quando avremo raggiunto il traguardo, ci ritroveremo nel regno dei beati. Il benessere sarà ovunque intorno a noi.

Avremo imparato a fare ciò che vogliamo, ciò che riteniamo importante e/o giusto per noi, ciò che ci rende felici, che ci dà piacere e gioia. E, senza più buchi, arriveremo a traboccare positività. E allora non sarà necessario fare più nulla per nessuno: basterà la nostra semplice vicinanza a generare il bene. Sarà un piacere starci accanto e condividere qualcosa con noi.

Non esiste la condizione in cui ci si affanna o si fanno rinunce in nome dell'altruismo. Esiste la condizione in cui si è benessere, e lo si è automaticamente, naturalmente, senza alcuno sforzo. Anche a beneficio di chi ci sta accanto.

E che cosa succede allora alla metà mela?

Chiaro: non esiste più. Questa è l'alchimia.

La metà mela è diventata una mela intera, o forse un'anguria. Non ha più alcuna importanza.

Come non ha più alcuna importanza sotto quale forma questo intero, questo AMORE si manifesti.

Il burattino è diventato un bambino in carne e ossa.

Il bruco si è trasformato in farfalla.

Questo è il privilegio della mia professione: assistere alla trasformazione del piombo in oro.

Perché vale la pena impegnarsi tanto lavorando su sé stessi?

Penso che mancare l'AMORE, in ogni sua forma, sia l'unico vero, grande fallimento che possa capitare in una vita. L'AMORE è così prezioso e fondamentale che nessuno può farne a meno.

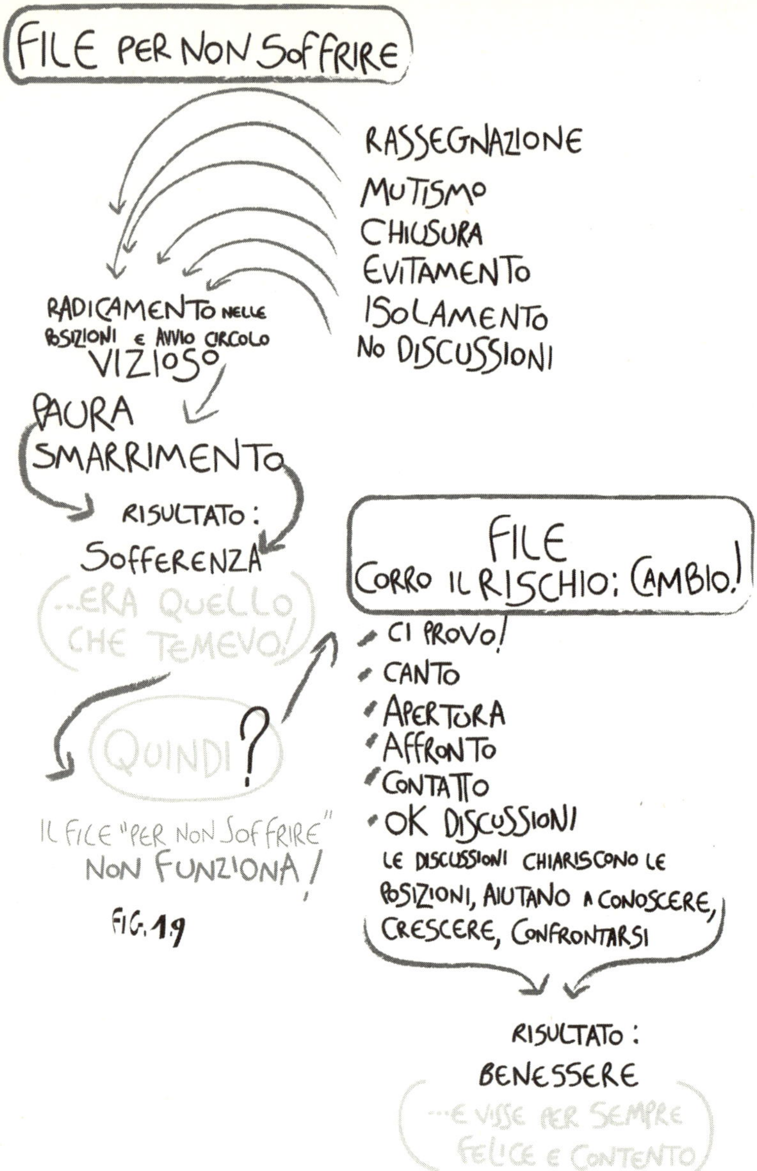

Sostituzione del file PER NON SOFFRIRE
con il file CORRO IL RISCHIO: CAMBIO!

L'AMORE è l'obiettivo più impegnativo che possiamo darci, tanto che, al confronto, diventare presidente degli Stati Uniti pare una "cosuccia" da niente. Ma non a tutti è chiara questa verità.

È talmente difficile che, per paura dell'insuccesso, ci siamo inventati altri traguardi all'apparenza più prestigiosi, in modo tale che il fallimento in amore fosse invisibile a un occhio inesperto o poco attento, perché nascosto sotto il luccichio delle onorificenze, dei cospicui conti in banca, dei lussuosi attici o, per chi si accontenta di qualcosina meno, di un gioiello, un vestito firmato, una bella macchina, eccetera, eccetera...

E sapete? Funziona.

Se riuscite a evitarvi quanto basta, funziona.

Infatti, nella vita si può sempre scegliere di migliorare sé stessi o evitare di farlo (*Fig. 1.9*), magari sottolineando i difetti degli altri per sentirsi migliori. Magra consolazione, davvero.

Vi siete mai chiesti perché il pettegolezzo non conosce crisi?

Semplicemente perché distrae da ciò che spaventa di più: sé stessi. E quale modo migliore di sfuggire a sé stessi se non occupandosi degli altri?

Parlare sempre e comunque male di tutti, inoltre, aiuta a sentirsi meno sbagliati. Perché mal comune... Sapere che c'è qualcuno che se la passa peggio, permette di tenere a bada i sensi di colpa per la propria presunta inadeguatezza. Una fatica continua che non dà alcun risultato concreto!

E più ci si perfeziona nel pettegolezzo, maggiore sarà la sensazione di avere il controllo sui difetti degli altri.

Così facendo si eccelle nel compito di tenere tutti, e soprattutto sé stessi, a distanza dai propri.

L'illusione? Che possa funzionare davvero. In realtà, la sensazione di potere e di controllo scompare non appena si rimane da soli con sé stessi. Il giochino non funziona più e allora scatta la corsa a riempire ogni attimo rimasto pericolosamente libero e, quando è ora di andare a dormire, sonniferi a gogò!

Il vero problema è che non ci si sente amati abbastanza. Non si è stati educati ad amarsi.

Anzi. Quando qualcuno mostra riguardo per sé stesso, viene subito tacciato di egoismo. Come se fosse sbagliato tenere a sé stessi.

«La nostra paura più profonda non è di essere inadeguati. La nostra paura più profonda è che siamo al di là di ogni misura. È la nostra luce, non la nostra oscurità a terrorizzarci maggiormente. Noi ci chiediamo: "Chi sono io per essere brillante, stupendo, pieno di talenti e favoloso?". In realtà chi *sei* tu per NON esserlo? Tu sei un figlio di Dio. Il nostro giocare in piccolo non serve al mondo. Non c'è niente di illuminato nello sminuire sé stessi perché gli altri non si sentano insicuri intorno a noi. Siamo tutti nati per risplendere, come fanno i bambini. Siamo nati per rendere manifesta la gloria di Dio che è dentro di noi. Essa non è solo in alcuni: è in ognuno di noi! E quando permettiamo alla nostra luce di risplendere, inconsciamente diamo agli altri il permesso di fare la stessa

cosa. Nel momento stesso in cui siamo liberi dalle nostre paure, la nostra presenza libera automaticamente gli altri!».
(Marianne Williamson, *A Return to Love*, Harper Collins, New York 1992).

Avete finalmente capito il senso del discorso? E, allora, siete pronti a cambiare?

L'amore è l'unico elemento a innescare il cambiamento, ricordate?

Il nostro adolescente, un po' come Pinocchio, attraverso le varie esperienze che si trova ad affrontare sbaglia, capisce, impara.

La condizione essenziale è essere liberi di sbagliare. Pinocchio diventa un uomo e approda al regno della libertà-indipendenza-richiesta. I suoi rapporti relazionali non saranno più di "mutuo soccorso" bensì di "condivisione". Il suo rapporto con sé stesso sarà basato sulla consapevolezza e accetterà gli alti e bassi della ciclicità della vita.

Non cresciamo con una grande educazione all'amore, soprattutto nei confronti di noi stessi: è risaputo.

Pensate anche solo ai testi delle canzoni d'"amore" che scandiscono i momenti della nostra vita.

Avete presente cosa dice *Giulia,* di Gianni Togni? «Giulia, oh mia cara, ti prego salvami tu, tu che sei l'unica, mio amore…». Amore? come può esserci amore da parte di uno che vive in uno stato di assoluto bisogno e deve essere salvato? «… non vedi dentro i miei occhi la tristezza che mi fulmina, non scherzare, sto in mare aperto e mi perdo e tu sei la mia ancora». Quando amia-

IN QUALE SITUAZIONE MI TROVO? ①
CON QUALI PERSONE SONO?
COSA PROVO? ②
COSA DECIDO DI FARE? ③
COME MI SENTO POI? ④
FIG. 1.10

mo, non ci fulmina la tristezza, ma questa è la canzone di un disperato, non una canzone d'amore. Come si può desiderare di essere l'àncora di qualcuno e lasciargli credere che non ce la si possa fare da soli?

E un'altra canzone: «Dammi il tuo amore, non chiedermi niente, dimmi che hai bisogno di me, tu sei sempre mia, ….». Ancora con questo bisogno di possesso. Ma l'amore non dovrebbe rendere liberi? Stare accanto a qualcuno per il semplice piacere di esserci, proprio no? Se questo è amore, allora voglio un calesse!

E che dire di quelli che ti invitano a usare strategie? «Fai così, poi trattala cosà…». In amore non serve né trasformarsi in uno zerbino né usare strategie: in amore, si è vincenti solo quando si è sé stessi.

Allora canticchiamole pure le canzoni, sono orecchiabili, ma alla larga dal concetto di presunto amore che suggeriscono. In quei testi non si parla nemmeno lontanamente di amore!

Esercizio

Prendete un foglio e tracciate tre righe equidistanti fra loro.

Utilizzate ognuno dei quattro spazi per rispondere alle quattro domande della *Fig. 1.10.*

Compilate uno spazio alla volta dopo aver affrontato una certa situazione oppure dopo non essere stati in grado di farlo (sarete in uno stato negativo di ansia, frustrazione, depressione, preoccupazione, demoralizzazione, senso di colpa...).

Compilate una tabella come la *Tab. 1.1* in cui risulti chiaro chi ha vinto, almeno per ora.

Conservate con cura i fogli così compilati, perché li riutilizzeremo in seguito. Non cedete alla pigrizia e buon lavoro!

SECONDO PIANO

Chi è il re del nostro regno?

Tutto ebbe inizio come nella più classica delle fiabe.

C'era una volta un regno, il vostro regno, in cui voi eravate il re.

E finché le cose stavano così, tutto andava decisamente bene.

Per esempio, c'è stato un tempo in cui potevate svegliarvi nel cuore della notte e strillare con tutte le forze – tanto che, al confronto, Linda Blair nell'*Esorcista* sembra un agnellino – e poi arrivava mammina con un gran sorriso stampato sulle labbra e vi sussurrava qualcosa tipo: «Il mio cucciolotto ha fame? È arrivata l'ora della pappa?» come se fosse, e per la verità lo era, la cosa più naturale del mondo. Sì, *era*.

Provate a farlo adesso!

E che dire di quando… Immaginate come scenario il pranzo di Natale con il parentado al gran completo: la zia cicciona, la cugina bella, la nonnina, lo zio gay e l'immancabile vicina pettegola, tutti riuniti intorno al tavolo… E voi, piccoli inconsapevoli re, dopo la consueta poppata, fate il ruttino. Ovviamente ricevendo l'approvazione e il plauso dei commensali presenti. Tutti là ad accogliere con smaglianti sorrisi e divertita tenerezza l'avvenuto, atteso ruttino.

Immaginate la stessa scena oggi: voi che emettete un sonoro rutto a tavola... e non siete turchi (perché se lo foste sarebbe tutta un'altra storia!).

Se avete dieci anni: per quanto tempo credete che non potrete giocare alla PlayStation?

Se avete trent'anni: per quanto tempo credete che il vostro partner ve lo rinfaccerà? Il che significa che non sarà sessualmente disponibile (almeno per voi).

Nel caso poi siate femmine: tragedia! I vostri genitori sconvolti: anni di educazione andati in fumo. Del resto si sa che per noi donne è tutto più difficile. Come se il tubo digerente avesse un sesso!

Eravate il re: liberi di essere voi stessi, qualsiasi cosa facevate era sempre ben accolta, nessuno neanche si sognava di dirvi di comportarvi diversamente, non esisteva un modello da seguire.

È durata poco.

Perché questa è una storia vera, non una favola e ve lo immaginate se potesse già concludersi con «e il re visse per sempre felice e contento»?

È una storia classica: c'è una prova da affrontare e solo dopo arriva il premio.

Infatti, arrivano le prime prove, sotto forma di barbare minacce. L'Attila della situazione si chiama paura e arriva con la sua inseparabile alleata, l'insicurezza; i due prendono il sopravvento facendo vacillare il regno. E molto probabilmente adesso sono ancora là che comandano al vostro posto.

E voi cominciate a credere che la soluzione sia investire nella sicurezza, grazie alla quale sperate di contenere la paura.

Ma che cosa significa investire nella sicurezza?

Riformulo: qual è l'unica vera sicurezza che abbiamo?

Sì, avete pensato bene: la morte.

Investire nella sicurezza significa, in un certo senso, investire nella morte.

Un esempio? Non avere il coraggio di lasciare un lavoro sicuro ma che ci sta stretto e ci fa vivere male (cioè non ci fa vivere) per uno meno sicuro ma che ci darebbe soddisfazione. Insomma, non osare.

Non rischiare significa non vivere: solo chi vive rischia qualcosa, un morto non rischia nulla, quindi il rischio è parte della vita stessa e, in quanto tale, non ci si può sottrarre.

Socrate *docet*: le barche sono più sicure in porto, ma non sono fatte per restare in porto.

Naturalmente, siamo bravissimi a ingannare la vita.

Ma quali sono i risvolti di tale investimento nella sicurezza?

Innanzitutto, siamo costretti a lasciare il trono del nostro stesso regno per diventarne mendicanti.

Primo sintomo: cervicale! Con conseguente dolore alle spalle. E poi giù lungo la schiena.

Perché? Il mendicante solitamente sta in basso ed è costretto a guardare in su. Provate a guardare in su per un po' ed ecco che la cervicale inizierà a farsi sentire!

Considerate anche che qualsiasi cosa vogliate fare, vi costerà enorme fatica anche solo per il fatto che dovrete andare contro la gravità per salire verso l'alto! Invece, quando si sta in alto, sempre per la legge di gravità, senza alcuno sforzo, riusciamo a far arrivare qualunque cosa al piano di sotto.

Per lo stesso principio di gravità, là sotto dove vi siete rintanati, sarete facile bersaglio della spazzatura altrui.

In questo caso, meglio non perdere troppo tempo a rivendicare le proprie ragioni riguardo al fatto che non è lecito buttare di sotto la spazzatura e via dicendo. Meglio essere pratici: spostarsi!

Spesso incontro persone che si lagnano perché un "insensibile" ha mancato loro di rispetto. Be', dico io, se avete capito che è un insensibile, che vi aspettate? Ricordate? Non potete pretendere che sia l'altro a cambiare e a diventare sensibile, però non siete neanche costretti a subire una persona che ritenete insensibile. Siamo sempre liberi di rispondere: «No, grazie!».

E che dire poi del fatto che, in proporzione a quanto vi siete "declassati" all'interno del vostro regno, rischiate ferite inutili dovute solo alla vostra vulnerabilità più che a pericoli reali?

Proviamo a figurarci la situazione (**Fig.** **→ pag. V**).

Immaginiamo un palazzo (che rappresenta il vostro regno), con tanti balconcini qua e là (che rappresentano gli abitanti del regno). Su ogni balconcino avete posto gli affetti e le persone della vostra vita.

Nel momento in cui occupate il balconcino più alto del palazzo, va tutto bene: siete nella condizione di dare semplicemente per gravità, il che significa, come già detto, "nessuna fatica"; al massimo vi viene richiesto un minimo d'impegno. Se invece siete di quelli che si sentono in colpa ed egoisti a occupare il primo posto, e quindi vi posizionate sul balconcino più basso, allora tutto si complica. Ecco un esempio: incontrate un'amica che fa un commento ironico sul vostro abbigliamento. Data la vostra bassa autostima, vi sentite offesi. In questo caso il commento parte dall'amica che VOI AVETE POSTO sul balconcino più alto e arriva a voi e, in un momento di distrazione, potrebbe colpirvi e ferirvi, nonostante non sia il commento in sé la vera causa della ferita. Ecco la chiave: il problema non è il commento, quindi nel commento non c'è nemmeno la soluzione! Il problema sta in quel "voi avete posto", pertanto nel dove collocate le persone che fanno parte della vostra vita, dai familiari, all'amico, al semplice conoscente fino al perfetto sconosciuto.

Può accadere che decidiate di fare una sorpresa al vostro partner: vi prendete una mezza giornata libera, andate a fare la spesa e vi dilettate in cucina a preparare una deliziosa cenetta. Perché lo state facendo? È importante chiederselo. Se è per il vostro stesso piacere, perfetto. Se è per l'altro, per impressionarlo o per mettervi sotto una certa luce ai suoi occhi, allora siete a rischio guai. Perché, per esempio, potrebbe far tardi in ufficio e mandare tutto a monte, e allora la cena preparata con tanta cura per lei/lui potrebbe tornare indietro a colpirvi con un effetto boomerang, e voi vi trovereste a chiedervi chi ve l'ha fatto fare.

La bella notizia è che se, finalmente, avete capito dove ha origine il problema, siete vicini alla soluzione: capire cioè come dare la giusta collocazione alle persone.

INFILTRAZIONE = sintomo-non problema

PERDITA = problema

RICERCA DEL TUBO CHE PERDE = soluzione. Un qualsiasi altro intervento sull'infiltrazione risulterebbe inutile.

Quando vi sentite punti sul vivo da qualcosa che vi viene detto, il "qualcosa" e il "qualcuno" sono solo il sintomo: vostro compito è individuare il problema, dentro di voi.

Allo stesso modo, immaginate che vostro figlio (il vostro compagno o il vostro migliore amico) sia sul suo balconcino e stia giocando con una monetina che, inavvertitamente, gli cade. Monetina + azione della gravità + ineluttabile accelerazione = cocktail esplosivo.

Se vi siete messi proprio sotto sotto – o avete semplicemente messo sopra sopra l'altro, il che ovviamente significa che voi siete sotto sotto – quella banale monetina potrebbe ferirvi gravemente. Se arriva a colpirvi, il cocktail risulterà potenzialmente pericoloso. E questo capita tutte le volte che vi sentite feriti da chi non riesce nemmeno a capire come può averlo fatto. Semplice, siete voi i veri responsabili della ferita perché vi siete messi nella condizione di essere feriti. E poi tutto diventa difficile.

Eppure, se siete finiti là sotto, è stato proprio per avere *tutto* sotto controllo. Per averli *tutti* lì davanti, in alto, ben visibili, e nella convinzione che *tutto* potesse essere gestito al meglio, che con quella visuale *tutto* fosse "a portata di mano". E che nulla potesse quindi sfuggirvi.

E invece soccombevate sotto il peso di quel *tutto*.

E che dire poi dei permalosi, anche perché… ma quanti sono? Innanzitutto va detto che essere permalosi è una strategia di difesa. È un ruolo che appartiene di diritto al regno del bisogno-dipendenza-pretesa della personalità, messo in atto "casualmente" e che ha sortito gli effetti sperati, quindi rinforzato e diventato parte del copione. Rispunta allora il burattino, e addio regia della vostra vita!

Ma avete deciso di arrivare fin qui proprio per liberarvi di quei fili tanto ingombranti e conquistare la vita vera, come liberi interpreti, improvvisatori o registi. Non dimenticatevelo!

Il permaloso viaggia con un cartellone, tipo quelli usati nelle manifestazioni o negli stadi, su cui è scritto: «FATE ATTENZIONE PERCHÉ LA RESPONSABILITÀ DI COME POTREI SENTIRMI, PER QUELLO CHE POTRESTE DIRMI, È VOSTRA!».

Non è così: l'offesa è un fatto squisitamente personale (e notate l'uso di personale e non individuale).

In realtà, voi siete liberi di offendervi o di non farlo: dipende da voi, non da chi dice cosa. In Italia vige la libertà d'espressione!

La scelta dell'uso che decidete di fare di ciò che vi viene detto è solo vostra.

Ora, se mi date dell'idiota, potrei anche offendermi (doppia fatica per me), oppure potrei rispettare la vostra opinione ma dissentire: del resto, perché prendermela? Io ho un'idea precisa di chi sono.

Vi racconto un altro episodio chiarificatore: una volta mi è capitato di parcheggiare la macchina di fianco a un ponteggio su cui era stato apposto un cartello che diceva: «L'IMPRESA NON SI ASSUME LA RESPONSABILITÀ DI EVENTUALI DANNI AI MEZZI PARCHEGGIATI IN PROSSIMITÀ DEL PONTEGGIO». Io ero felice della presenza di quel cartello perché la gente per lo più evitava di parcheggiare nei paraggi (un posteggio senza disco orario e senza obbligo di pagamento: una rarità), quindi riuscivo a trovare sempre un posto libero.

Quel cartello era una bufala, come è una bufala credere di avere la capacità o il potere di offendere chicchessia. In realtà, l'impresa deve rispondere eccome, semplicemente perché è previsto dalla legge. È sua la responsabilità di eventuali danni. Ed è vostra la responsabilità dell'azione di offendervi (DANNO).

Inoltre, quando ci troviamo in una situazione in cui qualcosa che viene detto o fatto (azione) ci procura fastidio, irritazione, dolore o rabbia, fatichiamo a pensare se non in termini di quel fastidio, irritazione, dolore o rabbia.

Consideriamoli invece dati in ingresso ed elaboriamoli: se non andiamo oltre il primo passo è facilissimo identificare nella persona che "ha detto" o "ha fatto" la causa del nostro sentire e così, ingenuamente, prendiamo le distanze e ci chiudiamo in noi stessi ritenendo in questo modo di esserci messi al riparo da quelle situazioni e dagli spiacevoli effetti collaterali. Ci rintaniamo in un angolo a osservare e ci illudiamo che ciò che vediamo sia la realtà e non il frutto del nostro punto di prospettiva, che magari andrebbe solo leggermente spostato.

Chi sono io?

«Chi sono io?» chiese un giovane al maestro.
«Sei quello che pensi» rispose il maestro. E proseguì raccontando questa storia.

Un giorno, all'ora del tramonto, dalle mura di una città, si distinsero in lontananza le sagome di due persone che si abbracciavano.
«Sono un papà e una mamma» pensò una bambina innocente.
«Sono due amanti» pensò un uomo dal cuore torbido.
«Sono due amici che s'incontrano dopo molti anni» pensò un uomo solo.

«Sono due commercianti che hanno concluso un buon affare» pensò un uomo avido di denaro.
«È un padre che abbraccia un figlio di ritorno dalla guerra» pensò una donna dall'animo tenero.
«È una figlia che abbraccia il padre di ritorno da un viaggio» pensò un uomo addolorato per la morte della figlia.
«Sono due innamorati» pensò una ragazza che sognava l'amore.
«Sono due uomini che lottano all'ultimo sangue» pensò un assassino.
«Chissà perché si abbracciano?» pensò un uomo dal cuore arido.
«Che bello vedere due persone che si abbracciano!» pensò un uomo dal cuore traboccante d'amore.

«Ogni pensiero» concluse il maestro «rivela a te stesso quello che sei. Analizza di frequente i tuoi pensieri: ti possono dire molte più cose di te di qualunque maestro».

Invece, quando riusciamo (dopo un'ora, un giorno, un anno: ognuno ha i suoi tempi) a riconoscere la prova insita nella situazione e a operare lo spostamento necessario per toglierci dai guai, senza farci ricadere addosso le spazzature altrui, ci concediamo l'opportunità di compiere il secondo importante *step* e di vedere il dono offerto dall'esperienza vissuta.

Andare oltre i sentimenti e le emozioni che talune situazioni ci inducono a provare significa essere liberi di scegliere il proprio destino, liberi di piangere o ridere, arrabbiarsi, gioire. Significa cercare l'"errore", la lezione, l'insegnamento che stanno dietro quell'azione e crescere.

Allora ci saremmo decisi a investire di nuovo in noi stessi, ed ecco che riusciamo a percepire ancora il battito.

Mettendo da parte la ricerca della sicurezza e investendo in noi stessi assistiamo a una crescita dell'autostima.

E la cosa è ovvia: si investe in ciò che si ritiene possa valere. Ed è come se a un certo punto decideste che valete – e infatti valete un sacco! – e allora interrompete il circolo vizioso al ribasso (mendicante del regno) e create un circolo virtuoso al rialzo (re del regno).

Una maggiore autostima vi porterà ad avanzare e a guadagnare posizioni nel vostro stesso regno, tanto da arrivare, gradino dopo gradino, a occupare il primo posto che vi spetta, quello di re del regno!

Il vero valore dell'anello

«Sono venuto qui, maestro, perché mi sento così inutile che non ho voglia di fare nulla. Mi dicono che sono un inetto, che non faccio bene niente, che sono maldestro e un po' tonto. Come posso migliorare? Che cosa posso fare perché mi apprezzino di più?».

Il maestro gli rispose senza guardarlo: «Mi dispiace, ragazzo. Non ti posso aiutare perché prima ho un problema da risolvere. Più tardi,

magari...». E dopo una pausa aggiunse: «Ma se tu mi aiutassi, forse potrei risolvere il mio problema più in fretta e dopo aiutare te».
«Con piacere, maestro» rispose il giovane esitante, sentendosi di nuovo sminuito visto che la soluzione del suo problema era stata rimandata per l'ennesima volta.
«Bene» continuò il maestro. Si tolse un anello che portava al mignolo della mano sinistra e, porgendolo al ragazzo, ordinò: «Prendi il cavallo che c'è là fuori e va' al mercato. Ho bisogno di vendere questo anello perché devo pagare un debito. Vorrei ricavarne una bella somma, per cui non accettare meno di una moneta d'oro. Va' e ritorna con la moneta d'oro il più presto possibile».
Il giovane prese l'anello e partì. Appena fu giunto al mercato, iniziò a offrire l'anello ai mercanti, che lo guardavano con un certo interesse finché il giovane diceva il prezzo.
Quando il giovane menzionava la moneta d'oro, alcuni si mettevano a ridere, altri giravano la faccia dall'altra parte e soltanto un vecchio gentile si prese la briga di spiegargli che una moneta d'oro era troppo preziosa in cambio di un anello. Pur di aiutarlo, qualcuno gli offrì una moneta d'argento e un recipiente di rame, ma il giovane aveva ricevuto ordine di non accettare meno di una moneta d'oro e rifiutò l'offerta.
Dopo aver proposto il gioiello a tutte le persone che incrociava al mercato – e saranno state più

di cento – rimontò a cavallo demoralizzato per il fallimento e imboccò la via del ritorno.
Quanto avrebbe desiderato avere una moneta d'oro per regalarla al maestro e liberarlo dalle sue preoccupazioni! Così finalmente avrebbe ottenuto il suo consiglio e l'aiuto.
Entrò nella stanza.
«Maestro» disse. «Mi dispiace. Non è possibile ricavare quello che chiedi. Forse avrei potuto ottenere due o tre monete d'argento, ma credo di non riuscire a ingannare nessuno riguardo al vero valore dell'anello».
«Quello che hai detto è molto importante, giovane amico» rispose il maestro sorridendo. «Prima dobbiamo conoscere il vero valore dell'anello. Rimonta a cavallo e vai dal gioielliere. Chi lo può sapere meglio di lui? Digli che vorresti vendere l'anello e chiedigli quanto ti darebbe. Ma non importa quello che ti offre: non glielo vendere. E ritorna qui con il mio anello».
Il giovane riprese di nuovo a cavalcare.
Il gioielliere esaminò l'anello alla luce della lanterna, lo guardò con la lente, lo soppesò e disse al ragazzo: «Di' al maestro, ragazzo, che se vuole vendere oggi stesso il suo anello, non posso dargli più di cinquantotto monete d'oro».
«Cinquantotto monete d'oro?» esclamò il giovane.
«Sì» rispose il gioielliere. «Lo so che avendo più tempo a disposizione potremmo ricavare

circa settanta monete d'oro, ma se ha urgenza di vendere...».

Il giovane si precipitò dal maestro tutto emozionato a raccontargli l'accaduto.

«Siediti» disse il maestro dopo averlo ascoltato. «Tu sei come questo anello: un gioiello unico e prezioso. E come tale puoi essere valutato soltanto da un vero esperto. Perché pretendi che chiunque sia in grado di scoprire il tuo vero valore?».

E così dicendo s'infilò di nuovo l'anello al mignolo della mano sinistra.

(da Jorge Bucay, *Lascia che ti racconti. Storie per imparare a vivere*, Rizzoli, Milano 2004)

Se avete deciso che è arrivato il momento d'investire in voi stessi, allora siete pronti: potete accedere al terzo piano di lavoro.

TERZO PIANO

Scegliere il palloncino!

«Il ristorante è chiuso» Ron Yang

No, non è uno spot pubblicitario, il titolo di questo capitolo, né una campagna del Consiglio dei Ministri per combattere le malattie a trasmissione sessuale: semplicemente è l'invito a volare alto, laddove osano le aquile (per inciso: il libro che vi spiega che siete aquile e non polli l'ha già scritto Anthony De Mello, io voglio solo invitarvi a decidere di traslocare definitivamente nelle alte frequenze). È soltanto una questione di leggerezza, la stessa grazie a cui i pensieri con il palloncino volano in alto, la stessa grazie a cui chi ha pensieri leggeri può ambire a camminare sulle acque.

Tutto parte dalla considerazione che quando si sta vivendo una situazione difficile, imparare a guardarla da un'altra prospettiva risulta determinante.

Immaginate di trovarvi in un labirinto: se aveste una prospettiva aerea, non sarebbe tutto più semplice? Pensate anche solo a come è cambiata l'arte con l'introduzione della prospettiva. In questi casi, imparare a sentirsi tanto leggeri da poter innalzare lo sguardo oltre la siepe, sì, potrebbe veramente fare la differenza, a meno che, s'intende, non abbiate voglia di girare, girare e girare…

Innanzitutto va detto che il pensiero non nasce per rimanere confinato nella scatola cranica: è un processo che utilizza determinate frequenze elaborate all'interno di ciascuno di noi ed emesse a onda all'esterno. Un esperimento che potete fare tranquillamente adesso ve ne darà la conferma. Pensate a una situazione che, per esempio, vi ha fatto vivere un momento particolarmente divertente: una volta sintonizzati su questo pensiero, vi verrà spontaneo sorridere… E state sorridendo al solo pensiero. Intorno a voi, al momento, non c'è nulla di cui sorridere, eppure al semplice ricordo di quell'episodio divertente, sorridete.

E, per contro, provate a pensare a una situazione in cui vi siete sentiti particolarmente in imbarazzo. Se arrossite facilmente, vi succederà anche adesso soltanto a pensarci, nonostante non vi troviate in una situazione imbarazzante. Il pensiero riesce dunque a intervenire a livello fisiologico. Il pensiero è potente.

Stabilito questo, si tratterà d'imparare a usarlo nel modo corretto. Obiettivo: pensieri di alta qualità. E questo è particolarmente importante poiché noi siamo laddove è il nostro pensiero. Noi siamo ciò che pensiamo.

Il regno, il vostro regno, di cui voi siete il re, è diviso in tre aree:

- il regno delle basse e bassissime frequenze
- il regno delle medie frequenze
- il regno delle alte e altissime frequenze.

Ma entriamo più nello specifico.

Che cosa c'è nel regno delle basse e bassissime frequenze? Pensieri-zavorra, ossia pensieri molto pesanti che portano giù. E li riconoscerete all'istante perché sono, per intenderci, la più veloce via d'accesso a Piazza

Sofferenza, dove approdiamo quando siamo zavorrati, appesantiti. Tra questi vi sono senz'altro: il giudizio, grande zavorra, la lamentela e l'"e-se-poi..." (che non mi ricordo dove l'ho letto ma faccio mia la definizione: sono le tre parole più "pesanti" della lingua italiana, in grado di trasformare qualsiasi situazione in una tragedia). E vi faccio anche un esempio perché questo è un punto particolarmente importante.

Un bambino è al parco con la nonna; è sull'altalena e si sta divertendo molto. La nonna vede un bimbo cadere e picchiare il naso. Il naso sanguina, il bambino comincia a strillare come un ossesso. I pensieri della nonna si concentrano su cosa accadrebbe se il nipote dovesse farsi male proprio mentre è lei a occuparsene. Panico: sarebbe una tragedia. Il pensiero ipotetico della nonna diventa: "E se poi cadesse dall'altalena?". Ma l'unica tragedia consiste nel fatto che l'ipotesi formulata dalla nonna ha il sopravvento sulla realtà, e cioè che il bambino si sta divertendo, non sta cadendo! Ma, nonostante questo, è costretto a scendere dall'altalena. E provate a pensare a quante volte vi negate di fare qualcosa solo perché temete le possibili – e non è detto che siano anche reali – conseguenze negative *(Fig. 3.1)*.

Poi ci sono la paura – zavorra anche questa quando non è ridotta alla sua funzione primaria –, la preoccupazione, le tendenze suicide/omicide (nel dubbio consiglio sempre di optare per le prime) e il senso del dovere. Sì, il senso del dovere è un pensiero che, a differenza di quanto si ritiene comunemente, viaggia a bassissime frequenze. Così, quando qualcuno mi obietta: «Io ho dei doveri nei confronti di...», io rispondo che le stesse cose che si

FIG. 3.1

Pensiero ipotetico vs pensiero concreto.

fanno per dovere si possono fare, con risultati migliori, con piacere! Il piacere, infatti, viaggia ad alte frequenze.

Il regno delle medie frequenze è un luogo di transizione, per così dire, o di decompressione: il regno di mezzo che prepara ad affrontare le alte frequenze. È utile stazionarvi il tempo necessario, senza fretta: sapete cosa succede a un sub che non rispetta i tempi di risalita?

Due pensieri in particolare contraddistinguono questo regno: la tentazione e il sollievo.

La tentazione, che ho battezzato Superzav (il supereroe delle basse frequenze, corrispondente di Superman o Wonder Woman ma al negativo), viene ingaggiata dai pensieri delle basse frequenze per riportarvi giù, quando ovviamente il vostro scopo è invece andare su, su, su.

Il sollievo è il palloncino che riuscite ad afferrare quando avete rispedito al mittente la tentazione, eliminando il pericolo di una caduta imminente.

Nel regno delle alte e altissime frequenze circolano i pensieri-palloncino, pensieri leggeri che volano in alto e portano a volare alto. Prendete fiato e leggete: umorismo, ironia, autoironia, bellezza, amicizia, amore, generosità, fiducia, determinazione, gioia, piacere, accettazione… E vi accorgerete di esserci finalmente arrivati perché, quando raggiungete Piazza Benessere, state divinamente, vi sentite leggeri, come trasportati da un palloncino, appunto.

Colgo l'occasione per sottolineare che l'amicizia è la pù nobile e pura forma d'amore: l'amicizia può davvero essere per sempre, perché non prevede la fisicità dell'attrazione fisica che invece non è eterna.

Immaginate che in ciascuna di queste zone del regno ci sia una lampadina che rappresenti i "lumi della ragione", con un voltaggio che varia in maniera esponenziale da 10 alla decima nel regno delle basse e bassissime frequenze, per passare a 100 alla centesima in quello delle medie frequenze, e arrivare a 1.000.000 alla milionesima in quello delle alte e altissime. Della serie: «Ma sì, esageriamo pure!».

Procediamo adesso con la costruzione dello schema: prendete un foglio, scrivete in alto la parola "benessere", quindi tracciate due righe orizzontali così da dividere il foglio in tre aeree distinte. Poi, partendo dal basso, disegnate una lunga freccia verticale nel mezzo andando a sfiorare con la punta la scritta "benessere".

Sulla freccia, nella parte in basso del foglio, disegnate una lampadina. Questa sarà la lampadina delle basse frequenze con un voltaggio pari a 10 alla decima. La sua luce risulterà molto fioca, per cui sarà pressoché impossibile avere una visione chiara della situazione: ecco perché nel regno delle basse frequenze non si vedono soluzioni. E non dobbiamo sorprenderci se manca chiarezza o addirittura ci sentiamo come "accecati": l'espressione "non vederci dalla rabbia" rende bene l'idea di ciò che accade quando si è zavorrati da un'emozione che porta giù giù, dove il buio è quasi totale, e dove le probabilità di "andare a sbattere" e farsi male sono altissime. E, naturalmente, la situazione peggiora man mano che si scende in basso.

Per questo "avere un amico significa avere un tesoro": se siamo giù giù, non possiamo vedere alcuna soluzione, ma se abbiamo un amico, possiamo accogliere con fiducia (fiducia = palloncino, quindi ci siamo già regalati l'opportunità di salire un po') un suggerimento. Ascoltando i suoi consigli e utilizzando il suo migliore punto di prospettiva, fintanto che non saremo risaliti dove la luce è sufficiente per continuare da soli, useremo la sua lampada finché non avremo imparato a costruirci la nostra. (Al permaloso, invece, quest'opportunità è negata perché lui preferisce offendersi: la suscettibilità è una zavorra che porta in basso.)

Disegniamo adesso a metà della freccia la lampadina del regno delle medie frequenze. Qui, dove il voltaggio è pari a 100 alla centesima, la luce è in grado di fare maggior chiarezza. La lampadina illumina e rende chiaro per lo meno l'"adesso" e ciò che è nei nostri immediati dintorni. Iniziamo a venire a capo di qualcosa, a vedere uno spiraglio, una possibile soluzione.

Disegniamo infine in corrispondenza della parte alta della freccia la lampadina del regno delle alte e altissime frequenze dove la luce è totale, tutto diviene di una chiarezza tale da non lasciare, letteralmente, ombra di dubbio: è il regno dove non esistono più domande senza risposta. E sia la luce!

Continuiamo nel ragionamento: secondo voi, che cos'accadrebbe se decidessimo di avvitare la lampadina da 10 alla decima volt dove il voltaggio è di 1.000.000 alla milionesima?

Indovinato: scoppierebbe. La lampadina non sarebbe in grado di reggere quella frequenza. E il voltaggio sta alla lampadina come l'umore sta all'uomo.

Un po' come accade quando, appena svegli, apriamo le persiane della finestra e il sole è già alto. Istintivamente chiudiamo gli occhi perché i nostri coni e bastoncelli – i recettori presenti sulla retina – hanno bisogno di adattarsi gradualmente alla luce.

Ecco perché è bene procedere a piccoli ma costanti passi in direzione del benessere: non siamo in grado di "reggere" frequenze più alte di quelle a cui siamo abituati, nello stesso modo in cui fatichiamo a comprendere linguaggi, espressioni e soprattutto concetti diversi. Ci serve un po' di allenamento per poter comprendere e affacciarci ad altri piani di consapevolezza.

In *Tempesta*, Jovanotti rende bene il concetto: «Se uno ha imparato a contare fino a sette, vuol mica dire che l'otto non possa esserci!». E infatti c'è. Se non lo neghiamo a priori, riusciamo a comprenderlo.

Per questa ragione i pensieri che viaggiano alle basse frequenze non possono accedere alle medie, e men che meno alle alte: verrebbero letteralmente "disintegrati", non reggono frequenze più alte! Quindi, quando viaggiamo nelle alte frequenze, siamo beati, perché i pensieri-zavorra non possono più nemmeno sfiorarci. Ecco perché ci sembra di appartenere a un'altra dimensione, e di fatto è così! In questo sta la differenza tra il "menefreghista", che ha un'accezione negativa, e chi invece ha imparato a tenersi alla larga dai circoli viziosi: il signor Chissenefrega.

Provate un po' a pensarci: non vi è mai capitato di essere nervosi per vostro conto e di sentirvi infastiditi o irritati dal buonumore dell'amico lì accanto? L'unica cosa da fare in questi casi è ricordare che ci troviamo nel regno delle basse frequenze e quindi è unicamente a noi, e non al nostro amico che sta bene, che è richiesto di intervenire per cambiare lo stato delle cose. Perché nelle basse frequenze non si sta bene. E già questa è una motivazione più che sufficiente per decidere di venirne fuori **(FIG. → PAG. VI)**.

Ora però torniamo alle nostre lampadine. Altra domanda: secondo voi, che cos'accadrebbe se decidessimo di avvitare la lampadina da 1.000.000 alla milionesima volt dove il voltaggio è di 10 alla decima?

È vero, non scoppierebbe, ma che fatica! La lampadina non riuscirebbe a esprimere il proprio potenziale. Riferito alla sfera umana il contrasto è sopravvivenza *vs.* vita: un conto è sopravvivere, ben altro è vivere.

Quando finalmente approdiamo al regno delle alte frequenze conviene rimanere su, innanzitutto perché abbiamo visto che in quel regno si sta divinamente, poi perché scendere comporterebbe, oltre al danno, la beffa: fatichiamo a esprimerci e non veniamo compresi ma fraintesi. Siamo i pazzi tra i sani, quando invece le cose stanno esattamente al contrario. Siamo sani ma, siccome la normalità delle basse frequenze è patologica, allora risultiamo noi i diversi e, purtroppo, l'ignoranza fa del diverso lo sbagliato. E, a riconferma che la storia si ripete… Ricordate: «Ba-ra-bba, Ba-ra-bba, Ba-ra-bba»? Tra Gesù (alte frequenze) e Barabba abbiamo voluto Barabba libero. Vi rendete conto dell'assurdità della cosa? Ma se vi trovate nel regno delle basse frequenze, potreste correre questi rischi.

Torniamo alle nostre frequenze.

Che cosa dobbiamo fare quando ci troviamo nel regno delle basse frequenze e avvertiamo un certo malessere ma, soprattutto, vogliamo uscirne? Perché la volontà di uscirne è la condizione *sine qua non*: è impossibile infatti – e ve lo dice una per cui *impossible is nothing* – e, ribadisco, impossibile, salvare dalle sabbie mobili una persona che non vuole essere salvata. Potreste addirittura impazzire tanto da finire inghiottiti voi. Ma l'altro, è certo, non ne esce.

Pertanto, se non volete impazzire, a chi dovesse trovarsi nelle sabbie mobili allungate un bastone e limitatevi a questo: è l'unica soluzione possibile.

Dicevo, ci troviamo nelle basse frequenze, circondati da pensieri-zavorra, e vogliamo uscirne.

Il pensiero è potente, ricordate?

Bene, allora prendetevi un po' di tempo e createvi (prima o poi ci tornerà utile) un album fotografico mentale, composto da belle immagini: la bellezza, così come l'amore, viaggia ad alte frequenze. Sono palloncini, anzi addirittura mongolfiere, e viaggiano ad altissime frequenze. Per esempio, paesaggi mozzafiato, momenti particolarmente felici o comunque sereni della nostra vita, aneddoti divertenti.

Portiamo l'attenzione su quei pensieri, sintonizzandoci su quelle frequenze e, come accadeva in *Star Trek*, quando il capitano Kirk chiamava l'*Enterprise*, in men che non si dica saremo teletrasportati nel regno delle medie frequenze, al sicuro da certi pensieri che, quando siamo più su, non riescono a raggiungerci.

Dal momento che però non abbiamo ancora conquistato quelle frequenze, passato l'effetto momentaneo delle immagini mentali, ritorneremo giù, ma, questo è importante, non così giù dove ci trovavamo, perché stazionare in frequenze più alte ci avrà conferito il diritto a un passo in più, magari anche due in più, in direzione del benessere, ovvero il regno delle alte e altissime frequenze.

E veniamo ora a un'altra situazione.

Ci troviamo nel regno delle basse frequenze e stiamo procedendo passo passo in direzione del benessere.

Facciamo qualcosa, o prendiamo una decisione, che risulterà poi essere uno sbaglio. Abbiamo commesso un errore. A questo punto abbiamo due opzioni.

Opzione 1. Ci arrabbiamo per aver sbagliato: la rabbia è una zavorra, scivoliamo giù. Ci diamo degli idioti: il giudizio è una zavorra, quindi un altro passo indietro. Iniziamo a provare paura per le conseguenze di ciò che abbiamo fatto e ci ritroviamo a pensare "e-se-poi?": paura-zavorra + "e-se-poi?"-zavorra e giù, ancora più in basso. Poi, come se non bastasse, iniziamo a lamentarci per aver fatto quell'errore – altra zavorra – e, senza rendercene conto, siamo sprofondati così in basso, così nel buio, da non vedere più alcuna via d'uscita.

Adesso siamo proprio nei guai. Là dove siamo finiti non ci sono che pensieri-zavorra, pesantissimi, e saremo un facile bersaglio per altri pensieri dello stesso genere. Quando si dice: «Te ne va storta una, te ne vanno storte mille»! Ora capite qual è la logica sottesa?

Dipende da noi entrare o no in quella spirale al ribasso, o capire qual è il confine e quindi non entrarci. E, con un po' di esperienza, quel confine non lo varcheremo più.

È come quando, da piccoli, giocavamo alla corda.

Due amichetti alle estremità opposte giravano la corda e noi dovevamo saltare in mezzo. All'inizio era dura: quante frustate e cadute prima di individuare il momento giusto, l'istante preciso in cui entrare.

Adesso, anche a distanza di anni non sbaglieremmo. Ormai l'attimo giusto è dentro di noi e saremo sempre in grado di riconoscerlo.

Anche nel caso delle emozioni bisogna imparare a riconoscere l'attimo giusto: se ce lo lasciamo scappare finiamo negli abissi.

Opzione 2. Ci arrabbiamo per aver sbagliato: la rabbia è una zavorra, scivoliamo in giù. Ci diamo degli idioti: il giudizio è una zavorra, quindi un altro passo indietro. Poi ci fermiamo e ci concediamo il tempo per ragionarci un po' su: "È vero, ho sbagliato," pensiamo "ma non si dice che sbagliando s'impara? E allora perché fermarsi all'errore? Vale invece la pena scoprire che cos'ho imparato!". E, magia, i due passi indietro si trasformano in una rincorsa che ce ne farà fare quattro avanti.

Del resto, si sa che l'esperienza è un insegnante severo: prima ci mette alla prova, poi ci spiega la lezione.

E noi dobbiamo solo aver voglia di andarla a cercare quella preziosa lezione, consapevoli che c'è sempre, un po' come la morale e la Girella.

A volte è una lezione così banale che ce la caviamo con pochi spiccioli, come quando si prende una multa: paghiamo ed è tutto risolto.

Altre voltre invece il pagamento è richiesto in termini di dolore o sofferenza, però soprattutto in questi casi la lezione che riceviamo è più che mai preziosa. E, anche se sul momento risulterà difficilissimo accettarlo, sarà comunque uno scambio alla pari. Prima di arrivare a comprendere, comunque, ci sentiremo letteralmente perduti.

Quando nella vita avete affrontato situazioni che vi hanno procurato molta sofferenza, quella sofferenza ha generato un seme dentro di voi che può crescere e trasformarsi in un'energia potentissima, da utilizzare per riscattarvi, per realizzare il salto quantico, un sogno, per raggiungere un obiettivo per voi importante. Quindi un'energia preziosissima. Chiaro che, se anziché far germogliare e far crescere quel seme chiamato sofferenza, vi limitate a subirlo, allora la vostra sarà una vita da vittime. E la sofferenza patita rimarrà fine a sé stessa, non porterà a nessuna importante lezione.

Aver avuto una vita difficile può essere per qualcuno la scusa ufficiale dietro la quale nascondersi, la giustificazione per non aver combinato nulla di buono.

Invece bisogna utilizzare le difficoltà come energia. Le scuse non portano molto lontano, vi lasciano lì, nelle basse frequenze dove il terreno è fertile e dove la sofferenza trova spazio per riprodursi.

E nel parlarvi di sofferenza, non posso fare a meno di citare il passo di un bellissimo libro, in cui il significato di sofferenza diviene una meravigliosa poesia:

> «... il mantello del passato è fatto con il tessuto delle emozioni della nostra vita e cucito con i fili enigmatici del tempo. In genere non possiamo fare altro che avvolgercelo attorno alle spalle per trarne conforto, o trascinarcelo dietro mentre ci sforziamo di proseguire il nostro cammino. Ma tutto ha una causa e un senso. Ogni vita, ogni amore, ogni azione, ogni emozione e pensiero hanno una ragione e un significato. E a volte riusciamo a vederli. A volte vediamo il passato con tale chiarezza, e le

parti che lo compongono ci appaiono con tale limpidezza che ogni cucitura del tempo rivela il suo scopo, il messaggio che contiene. Nella vita di ognuno di noi - poco importa che sia vissuta nell'abbondanza o nella miseria - nulla porta più conoscenza del fallimento, e più chiarezza del dolore. E nella minuscola, preziosa saggezza che otteniamo, quei nemici temuti e odiati - dolore e fallimento - hanno diritto e ragione di esistere».
(Gregory David Roberts, *Shantaram*, Neri Pozza, Vicenza 2008)

Vi lascio qualche minuto di riflessione.

Adesso provate a collegare questo passo con la definizione che Albert Einstein dà della coincidenza.

Il 26 maggio 1936 Einstein scrisse in risposta a una lettera:

«Probabilmente accadono nella vita di tutti eventi esterni capaci di determinare la direzione del pensiero e del comportamento di una persona. Ma per la maggior parte della gente tali eventi non hanno seguito.
Per quel che mi riguarda, ricordo che quando ero ancora un ragazzino mio padre mi mostrò una piccola bussola e l'enorme impressione che mi fece allora ha senz'altro avuto conseguenze molto importanti nella mia vita».
(Da Albert Einstein, *Il lato umano: nuovi spunti per un ritratto*, Einaudi, Torino 1980)

Einstein parlava spesso dello stupore provato alla vista della bussola e di come questa coincidenza avesse influito sul suo destino come un fatto che accade nella vita di ognuno quotidianamente, e a cui la maggior parte di noi non fa assolutamente caso. Qualcuno ci fa caso e si limita ad esclamare: «Toh, che coincidenza!». Solo una piccolissima, infinitesima parte di noi è disposta a cambiare la vita in funzione di quelle coincidenze.

Se ora provaste a mettere insieme i due spunti di riflessione, la sofferenza e la coincidenza, otterreste un unico, prezioso insegnamento: non esiste la casualità bensì la causalità. Ne risulta che *voi* siete gli artefici del vostro destino. Il bivio presenta due vie: una conduce in Piazza Benessere, l'altra in Piazza Sofferenza.

Che cosa può aiutarci allora a orientarci in direzione del benessere?

Sono tre i cartelli in grado di farci da bussola.

Il primo dice: «PRESTATE ATTENZIONE». Ovvio, se stiamo attenti possiamo, per esempio, riconoscere il momento giusto per evitare le frustate e le inutili cadute.

Il secondo dice: «CHIEDETEVI SPESSO: È CIÒ CHE VOGLIO? È IL MIO MASSIMO BENE?». Il messaggio è chiaro: se ciò che siamo in procinto di fare non è ciò che vogliamo veramente e/o non rappresenta il nostro massimo bene, come possiamo sperare che vada in direzione del benessere? Ricordate? Sano e onesto egoismo. Re del regno. "Bene io, bene tutti" non è un motto contro l'umanità. Siamo più utili quando stiamo bene. Pensiamo, per esempio, quando siamo a bordo di un aereo: prima del decollo parte un filmato per informarci che in caso di depressurizzazione della cabina verranno fornite a tutti automaticamente le mascherine dell'ossigeno. Il commento e le immagini del filmato ci raccomandano, nell'eventualità di una simile emergenza, di pensare innanzitutto a noi stessi prima di aiutare chiunque altro, anche se si trattasse del nostro bambino. A questo proposito l'obiezione di qualunque mamma sarebbe: «Come posso pensare prima a me che a mio figlio? Che madre snaturata sarei?».

Risposta: «Saresti una madre pratica ed efficiente!».

Nelle prove simulate, cronometro alla mano, è stato dimostrato che nei casi in cui, in un momento di panico generale, la madre si preoccupa prima del proprio bambino – e questo, per un motivo qualsiasi, non è in grado di mantenere la mascherina nella corretta posizione, per cui lei si vede costretta a reggerla – finisce per mettere in serio pericolo la propria sopravvivenza e, quando non sopravvive la madre, difficilmente sopravvive il figlio.

Al contrario, è dimostrato che una madre che pensa prima alla propria salvaguardia, riesce sempre a portare in salvo anche il proprio figlio. Ecco perché è molto importante smetterla con i sentimentalismi inutili e mettere in atto comportamenti più efficaci.

Il terzo cartello sentenzia: «IL RISTORANTE È CHIUSO». Per poter comprendere il significato di questo terzo cartello è necessario fare un passo indietro e tornare ai pensieri a basse e bassissime frequenze. Fatto? Bene. Ora, figuriamoci questi pensieri-zavorra come vermi schifosissimi, viscidi e bavosi che ci staccano brandelli di carne ogni volta che permettiamo loro di avvicinarsi. Ogni pensiero-zavorra è in grado di farci stare male ed è ovvio che ci sentiamo spossati e senza energie: siamo letteralmente spolpati dai vermi!

Mi auguro che l'immagine risulti sufficientemente ripugnante da convincere tutti noi a tenerli a distanza.

Ciò significa che è giunto il momento di smettere di essere il succulento e sfizioso bocconcino che nutre i vermi rappresentati dalle basse frequenze.

E allora, via cucina, via forno. Liberiamoci del frigorifero e di tutte le scorte. Poi andiamo in salotto e invitiamo tutti a uscire dal ristorante che non c'è più! Non saranno contenti: brontoleranno, ci rinfacceranno qualsiasi cosa, faranno leva sulla nostra sensibilità, ci diranno che di certo soffriranno. Ma noi, più decisi che mai, faremo in modo da costringere tutti a uscire e, se occorresse, sbatteremo fuori i più recalcitranti. Poi verificheremo che il ristorante sia sgombro e vuoto, controllando anche nella toilette, non si sa mai. Se qualcuno dovesse rimanere all'interno una volta abbassata definitivamente la saracinesca, sarebbe un disastro. Come minimo ci beccheremmo una denuncia per sequestro di persona. E chissà a quali guai andremmo incontro. Quindi meglio assicurarsi che non ci sia nessuno prima di procedere al rituale della chiusura del ristorante.

Poi, basterà affiggere un cartello che sia chiaro a tutti, e soprattutto a noi: «IL RISTORANTE È CHIUSO».

È vero, non sarà sufficiente perché quei piccoli, viscidi vermi si tengano definitivamente alla larga, ma è comunque un ottimo passo nella giusta direzione.

Quella che segue è una storia realmente accaduta e il significato va letto tra le righe.

Anni fa mi capitò di andare con i soliti amici, al solito ristorante giapponese, secondo noi il migliore di Milano per il rapporto qualità/prezzo. Inaspettatamente trovammo il ristorante chiuso ma non c'era alcun cartello che ne spiegasse il motivo. Pensammo che forse potevano aver cambiato il giorno di riposo così, ovviamente, passammo la serata altrove. In quel ristorante, però, si mangiava benissimo e non ci aveva mai deluso. Quindi tornammo in seguito varie volte per verificarne l'effettiva quanto inspiegabile chiusura prima di arrenderci all'evidenza: il ristorante non esisteva più. Nel frattempo avevamo trovato un altro posto dove andare e per diverso tempo non tornammo più da quelle parti, se non anni dopo, tanto per curiosità. E, comunque, sempre trovando solo una saracinesca chiusa.

Non aspettatevi che siano i pensieri-zavorra a decidere di non tornare, hanno tutto il diritto di reclamare il loro ristorante preferito. Anzi, giocheranno il tutto per tutto pur di non rinunciare al bocconcino che siete per loro. E richiederanno l'intervento di Superzav, l'equivalente supereroe umano, la tentazione, per riportarvi nelle basse frequenze, dove possono continuare a nutrirsi di voi. «Superzav, quel bocconcino ci sta sfuggendo, pensaci tu!».

E la tentazione, nei panni di Superzav, arriva a sussurrare: «Ma chi te lo fa fare…», «Tanto a che serve…», «L'hanno vinta loro…», «Ma perché?». Queste sono solo alcune delle modalità attraverso cui agisce la tentazione: non fatevi cogliere impreparati, e non siate presuntuosi, sa essere davvero convincente!

Ricordate Ulisse e il richiamo delle sirene? Chi pensate rappresentino quelle sirene? Ulisse non ha abbassato la guardia, ha giocato d'astuzia e così dovete essere pronti a fare voi, in modo che, indipendentemente da tutto, sarà per volontà vostra che terrete la saracinesca abbassata con tanto di cartello «IL RISTORANTE È CHIUSO».

Evitare il pericolo può essere un passaggio necessario, ma non la soluzione definitiva. Se siete alcolisti e avete deciso di smettere di bere, è lecito e naturale che per qualche tempo non incontriate gli amici per l'aperitivo nel locale di tendenza. Avete un progetto impegnativo da portare avanti e farete in modo di lavorare su voi stessi, di arrivare a essere abbastanza forti per affrontare di nuovo il mondo, da vincenti. Solo allora potrete entrare in un bar, consapevoli di non correre un rischio. Sarete forti abbastanza da sapervi controllare. E nemmeno vi andrà di bere.

Assurdo passare la vita a evitare i rischi: la vita stessa è un rischio. Ci si può chiudere nel bozzolo per un po', per riflettere e cambiare ma poi arriva il momento di volare fuori. Altrimenti saremo solo passati da una dipendenza all'altra, e addio libertà!

Capito il meccanismo? Bene, allora siete pronti per accedere al quarto piano.

Non dimenticate mai che la meta è in alto, ma è necessario guardare avanti a ogni passo per non inciampare.

Prima di procedere oltre, torniamo all'ESERCIZIO iniziato alla fine del primo piano di lavoro.

Prendete i fogli fino a qui compilati ed evidenziate i pensieri-zavorra, sottolineandoli e disegnando una zavorra in colore nero. Poi fate la stessa operazione per i pensieri palloncini, in questo caso disegnando, nel vostro colore preferito, dei bei palloncini.

Ci fermiamo qui. Conservate tutto con cura.

QUARTO PIANO

Come funziona la batteria dell'auto?

Possiamo arrabbiarci, pestare i piedi o lamentarci, ma il risultato non cambia: abbiamo un certo quantitativo di energia a disposizione e il nostro compito è gestirla al meglio. L'immagine che mi piace utilizzare perché esprime perfettamente il concetto è quella della batteria dell'auto. (Ringrazio la mia amica Dede per avermela portata a esempio).

Già… come funziona la batteria dell'auto? Provate a pensarci. Prendete carta e penna e scrivete almeno tre caratteristiche che riguardano il suo funzionamento. Poi tornate al testo e confrontate. Non vale barare.

- Punto 1. La batteria dell'auto ha un polo positivo e uno negativo, ed entrambi sono assolutamente necessari!
- Punto 2. Si autoricarica con l'uso corretto. Specifico corretto perché, provate a riaccompagnare sotto casa il/la vostro/a fidanzato/a e a intrattenervi per un po' di tempo a motore spento con la radio accesa. Non sorprendetevi se poi l'auto non riparte: questo è ciò che intendo per uso corretto.
- Punto 3. Se non viene utilizzata, si scarica. Non trovate che anche questo sia strano? Siamo

abituati a cose che si scaricano o che deperiscono con l'uso, non il contrario, eppure...

Se avete indovinato tutti e tre i punti: complimenti!

Pensiamo adesso a noi, esseri umani, e alle nostre caratteristiche principali.

- PUNTO 1. Viviamo esperienze positive e negative ed entrambe ci sono assolutamente necessarie.
- PUNTO 2. Ci autoricarichiamo con il rispetto di noi stessi. Una precisazione: rispetto è quando ci consentiamo di fare e dire in libertà ciò che ci piace.
- PUNTO 3. Quando non facciamo nulla che ci piace, ci soddisfa, ci entusiasma, ci scarichiamo. Un depresso cronico passa la maggior parte del suo tempo a letto, non fa nulla, eppure è sempre stanco. Un amante della corsa, invece, può tornare a casa stanco dopo una giornata di lavoro e andare a farsi una corsetta rigenerante. E dopo una doccia, la stanchezza sarà scomparsa e la serata aperta alle più diverse possibilità.

Provate a pensare alle attività nelle quali investite le vostre energie (batteria), fate un elenco e poi dividete la batteria in tante parti quante sono le voci della lista. Ora verificate che l'investimento in ciascuna delle parti abbia un ritorno. Per esempio, se investite l'energia nel lavoro e questo vi piace, vi dà soddisfazione, allora si tratta di un buon investimento: mettete energia che vi ritorna... perfetto! **(FIG. → PAG. VII)**

Di certo, però, ci sarà anche qualche voce "senza ritorno", altrimenti perché stareste leggendo questo libro?

Ebbene, quella è energia che andrà perduta: un investimento che non rende. Per esempio, se la investite in uno sfogo di rabbia, è probabile che poi vi sentiate stanchi, svuotati. Piacere, soddisfazione, entusiasmo sono lontani anni luce. Risultato: mettete energia, ma non vi ritorna nulla. Si tratta di un investimento in perdita. Uno spreco enorme.

Ora, se arrabbiarsi con qualcuno a cui teniamo molto risulta un investimento di energie a vuoto, che dire quando ci si arrabbia con un perfetto sconosciuto?

Ecco i passaggi da seguire:

- batteria = energia
- energia = lavoro
- lavoro = denaro

Da cui, per la proprietà transitiva:

- energia = denaro

Provate a immaginare che ogni volta che vi arrabbiate è come se gettaste denaro dalla finestra. Siete davvero disposti a buttare 50 euro per lo sconosciuto che vi taglia la strada? E a buttarne 100 per il vostro collega *yes-man*? La rabbia serve a voi per capire che non tollerate la situazione. Usatela per trovare la *vostra* soluzione, tenendo presente che è quella giusta se vi porta a un risultato di sollievo. Pensateci bene.

Proseguendo il nostro parallelismo con la batteria vediamo quali sono le conseguenze.

Il giorno dopo, la porzione di energia che avete investito nella rabbia non ci sarà più, quindi dovrete contare su una batteria che non lavora a pieno regime. E la stanchezza, a volte, rende irritabili, meno scattanti. Ed è così che si entra nel circolo vizioso.

Più irritabili significa più facili all'intolleranza e a ripetuti raptus di rabbia. E intanto la vostra batteria si scarica, scende di livello. E avete sempre e comunque tutte quelle voci dell'elenco da alimentare o nelle quali investire un'energia sempre più esigua. Molto spesso succede che, anziché eliminare la voce "rabbia", che è la causa del nostro "ingresso nel circolo vizioso", si depenni la voce "passioni" e ci si lamenti – per inciso, un altro investimento che non rende – perché non si riesce più a fare ciò che piace. Sentiamo di avere solo dei doveri e, allora, che noia!

Torniamo all'esempio dell'investimento e diamo la parola all'esperto: un bambino di otto anni con cui giochiamo a "facciamo finta che sei un investitore finanziario". Domanda: «Se abbiamo due secchielli, uno che perde costantemente acqua e l'altro no, quale scartiamo?». Che equivale a dire: se abbiamo due investimenti, uno che rende bene e uno che è costantemente in perdita, cosa dobbiamo fare?

Sapete come vi risponderà il bambino di otto anni, vero?

Eppure, nonostante questa evidenza, nelle situazioni della vita quotidiana troviamo "normale" smettere di andare in palestra o di uscire con gli amici anziché isolare la fonte di stress ed eliminare quella.

Identificare bene il problema ci aiuta a trovare la giusta soluzione. Se il problema è A sarà perfettamente inutile agire su B.

Smettendo di investire in qualcosa che rende, vi confinerete sull'isola del dovere. Sicuro, direte voi, un bambino di otto anni non ha ancora introiettato il senso di responsabilità, può ancora seguire il principio del piacere. Ma ricordate, come dice Richard Bach: «Il modo migliore per evitare le responsabilità consiste nel dire: "Ho un sacco di responsabilità"». Facendo un passo indietro. Vi ricordo che nel patto che abbiamo stretto si è stabilito di non investire in sicurezza, un titolo che, a lungo andare, non rende, e di investire invece in noi stessi.

Continuando a investire in voci che non hanno ritorno, si arriva velocemente sulla via dell'esaurimento. E non può che essere così: occorre quindi fermarsi e rivedere il tutto.

La stanchezza non è l'unica spia ad accendersi quando qualcosa non funziona al meglio. A volte possiamo contare sull'intervento straordinario degli attacchi d'ansia o di panico o, ancora, sulle esplosioni di rabbia, o peggio di collera, che io, personalmente, considero benedizioni divine.

Pensateci bene, che cos'è un attacco di panico se non un sintomo di vita?

L'esplosione avviene nel caso in cui vi siate lentamente trasformati in kamikaze emotivi. Siete imbottiti di negatività fino ai denti. Il passo successivo è l'esplosione in cui, ovviamente, sarete i primi a soccombere. In questo caso non c'è nemmeno l'illusione della ricompensa.

Se tutto questo vi è chiaro e avete sistemato le "voci" che compongono la vostra batteria, non rinviate ancora: non ci è dato sapere quanto tempo ci resta a disposizione.

Una mattina stavo lavorando al computer e in un attimo di pausa, mentre mi dilettavo a spulciare tra i documenti salvati, mi è capitata casualmente sotto mano l'email di una ragazza con cui ho lavorato tempo fa.

«Cara Elena,
in risposta alla tua domanda, ti dico che, se avessi quindici giorni a mia completa disposizione, mi piacerebbe fare senz'altro un viaggio. Ci diamo tanta pena per tentare di allungare la vita quando basterebbe allargarla. Penso che un viaggio (anche di quelli non introspettivi) abbia la capacità di allargare la vita di chi lo compie.
Mi piacerebbe vedere posti, scenari nuovi, spettacoli naturali diversi; conoscere altri modi di vivere: l'eccezionalità della quotidianità di qualcun altro! Qualcuno lontano da me, forse anche da ciò che può essere definito "civiltà", per toccare con mano quanto sia relativo e in certi casi assurdo il mio modo di vivere, quanto siano illogiche le mie priorità.
Vorrei stare ore nel deserto, mangiarci la sera al tramonto, dormirci la notte e vedere un'alba diversa.
Vorrei stare ore a giocare con le onde, nuotare nel mare e sul bagnasciuga con le mani e i piedi affondati nella sabbia bagnata.
Vorrei passare ore a fare l'amore con un uomo che desideri veramente, sia fisicamente che mentalmente. Un uomo ch'io ami. Vorrei fare l'amore con la mente libera, senza alcun pensiero che non sia quello di condividere quell'attimo unico, libero e puro.
Vorrei vivere quei momenti semplici e magici che ti emozionano fino alle lacrime.

Vorrei vedere mio papà fare un'ultima partita a bocce; mio figlio fare la prima partita di calcio, mia figlia ballare il lago dei cigni col tutù e la calzamaglia rosa sulle sue gambe grassocce.
Vorrei essere una persona migliore, avere di più da dare, riuscire a trasmettere qualcosa a qualcuno.
Mi spiace molto di essermi persa nell'aridità del dovere quotidiano, nella massificante corsa alla performance, nel nulla totale che ha riempito la mia vita e svuotato la mia anima».

Possiamo sapere quanti giorni ci restano da vivere? Che senso ha aspettare ancora per iniziare a vivere la vita che vorremmo?

La bella notizia è che oggi potrebbe essere il nostro primo giorno dei quindici vagheggiati nell'e-mail qui sopra e la certezza è che lo stiamo vivendo.

Adesso siete pronti per il passaggio al quinto piano.

QUINTO PIANO

Imparare a essere contagiosi

Sapete che cos'è un diapason? Il diapason è uno strumento a forma di forcella che, se percosso, vibra emettendo la frequenza corrispondente alla nota "la" e serve per accordare gli strumenti musicali.

Facciamo un esperimento. Prendiamo un diapason classico che vibra emettendo la frequenza "la", mettiamolo su un tavolo e facciamolo vibrare. Poi prendiamone un secondo, che abbia la particolarità di vibrare emettendo la frequenza "do" e sistemiamolo accanto al primo, che sta ancora vibrando. Che cosa succede? Nulla: il primo diapason, vibrando, emette la frequenza "la" che arriva a onda al secondo. Questo non la riconosce, essendo un "do", e tutto rimane invariato.

Prendiamo ora un terzo diapason, che vibri emettendo anch'esso la frequenza "la", e posizioniamolo sul tavolo accanto agli altri due. Il primo sta ancora vibrando emettendo la frequenza "la", che arriva a onda al terzo diapason. Che cosa succede in questo caso? "Incredibilmente", il terzo diapason inizia a vibrare senza che sia stato percosso. Questo esperimento introduce al concetto di "RISONANZA", fenomeno per cui un sistema naturale o artificiale entra in vibrazione perché stimolato da una frequenza corrispondente a una delle sue frequenze caratteristiche. Lo stesso fenomeno per cui, in condizioni particolari, l'ampiezza delle vibrazioni di un corpo tende ad assumere valori eccezionalmente elevati.

Il concetto da cui partiamo è che noi *siamo* le frequenze che emettiamo.

E le frequenze che emettiamo sono i nostri pensieri e le nostre emozioni.

Essere contagiosi significa avere qualcosa che può essere trasmesso da a: una sorta di bluetooth dell'umore e non solo.

Quindi, se vi disegnate dei puntini rossi sul viso, potete anche raccontare di avere il morbillo – e qualcuno potrebbe anche credervi – ma è certo che non siete in grado di essere contagiosi e trasmetterlo.

Così accade con i pensieri, i sentimenti e le emozioni. Potete fingere un sorriso, ma non sarete convincenti, soprattutto con un bambino. Perché i bambini sono ottimi ricevitori. Devono esserlo: non sanno provvedere a sé stessi e perciò sono portati ad acuire l'attenzione per captare possibili segnali di pericolo.

Innanzitutto, che cosa sono le emozioni?

Le emozioni, quando ridotte alla loro funzione primaria, sono ambasciatori, veicoli d'informazioni che ci rendono consapevoli di ciò che proviamo in una determinata circostanza.

Quindi, noi *non* siamo le nostre emozioni. Noi proviamo le emozioni!

L'equivoco di ritenersi ciò che si prova nasce perché spesso, troppo spesso, accade che arrivi l'ambasciatore di un'emozione, per esempio l'ambasciatore "r" di rabbia, per informarci che quella data situazione che stiamo vivendo va a stimolare proprio l'emozione rabbia e noi, anziché utilizzare l'informazione per prendere una decisione sul da farsi, mettiamo il cartello «Torno subito» e lasciamo il trono del regno all'ambasciatore "r". Salvo poi "tornare in noi" e constatare gli eventuali danni prodotti da "r", di cui, però, solo noi potremo dirci responsabili.

E non vale dire: «Ero fuori di me» o «Era come se fossi assente». Possiamo delegare un compito, ma non esiste la delega di responsabilità.

L'ambasciatore è l'ambasciatore, noi siamo il re del nostro regno e abbiamo la responsabilità del trono.

Immaginiamo di essere un contenitore di emozioni, indipendentemente dall'età. Ci sono tutte: rabbia, collera, gioia, rassicurazione, tranquillità, amore, serenità, insofferenza, sofferenza, dolore.

Nasciamo con un corredo emotivo pressoché completo, di cui impariamo a essere consapevoli nel corso delle esperienze della vita. Poi, si tratta di imparare anche a gestirle.

Vediamo come funzioniamo come emittenti e ricevitori di frequenze emotive.

Prendo come esempio la scena di un bellissimo film che vidi anni e anni fa, *La casa degli spiriti*, ispirato all'omonimo romanzo di Isabel Allende e con un cast d'eccezione. Nonostante il titolo ambiguo, no, non si tratta di un film dell'orrore!

A un certo punto della storia, Winona Ryder – che nel film è figlia di Meryl Streep – viene torturata, violentata e, quasi in fin di vita gettata, in una cella. Arriva la madre: come si comporterà alla vista della figlia così ridotta?

Se fosse una madre "normale", percependo la disperazione andrebbe in risonanza, quindi si dispererebbe nel vedere la figlia in quello stato e magari, comprensibilmente, penserebbe di vendicarsi della persona che ha abusato della sua bambina (il che, come abbiamo visto, significa mettere a capo del nostro regno proprio coloro che condanniamo e, paradossalmente, comportarci in funzione loro anziché in funzione nostra).

Invece, Meryl Streep si comporta da mamma "speciale", e le mamme dovrebbero essere tutte speciali o, perlomeno, impegnarsi a esserlo.

E cosa fa una mamma speciale? Percepisce che la cella dove giace il corpo della figlia è satura di dolore, disperazione, sofferenza. È sensibile, quindi è in grado di riconoscere queste emozioni e utilizzarle come dati per risolvere la situazione.

E proprio in funzione di questo decide di immettere nella cella ciò che manca e può essere utile alla sua bambina: si inginocchia, avvicina a sé il corpo inerme della figlia e, con dolcezza e amore, inizia a sistemarle i capelli.

«Sistemarle i capelli?» vi chiederete stupiti. «Sua figlia è in fin di vita e lei pensa a sistemarle i capelli?». In effetti non è come sembra… e, del resto, le cose non sono mai come sembrano.

L'intenzione della madre non è di sistemare i capelli: con quel semplice gesto, lei intende prendersi cura della figlia in difficoltà. Il termine inglese *take care* rende bene l'idea. "Prendersi cura" significa dare amore incondizionato, rassicurazione, protezione, sostegno e fiducia. Che poi sono i cinque ingredienti fondamentali di cui l'essere umano ha bisogno quando si trova in uno stato di necessità. E tutti condensati in un unico, amorevole gesto rivolto alla figlia.

Niente altro occupa i pensieri della madre, solo il desiderio di prendersi cura della figlia nel momento del bisogno. Ovviamente queste frequenze d'amore arrivano alla figlia, che ne trae tutti i benefici e grazie all'apporto di quei preziosi, fondamentali ingredienti si riprende e decide di lottare per sopravvivere.

A questo punto, introduciamo il termine "EMPATIA" – attenzione: empatia, non apatia – che significa avere la sensibilità di riconoscere un'emozione, ed emettere la frequenza più utile in considerazione del rilevamento effettuato. In nessun caso empatia può corrispondere con l'andare in risonanza rispetto all'emozione rilevata **(FIG. → PAG. VIII)**. È importantissimo cogliere la differenza.

Facciamo un esempio pratico: un bambino sta facendo qualcosa che non gli riesce bene, inizia a provare un'emozione, o meglio, voi sapete che è un'emozione, e, precisamente quella della rabbia, ma lui non lo sa. Sa solo che si sente strano, irrequieto e che non gli piace fallire. Si innervosisce.

Se poteste intervenire, che cosa fareste?

Voi ricevete la frequenza rabbia: quale dei cinque ingredienti dovreste utilizzare nell'emissione della risposta? Potreste scegliere un approccio rassicurante per poi giocarvi la carta della fiducia, quindi sostegno.

Riassumendo: il bambino emette la frequenza rabbia, voi siete provvisti di quella stessa emozione e quindi siete in grado di riconoscerla. A questo punto avete rilevato che il bambino è arrabbiato. Perciò, per aiutarlo, emettete la frequenza rassicurazione con lo scopo di contrastare la frequenza rabbia, neutralizzandola.

Potete farlo spiegando al bambino che ciò che prova si chiama rabbia e che dipende dal fatto che sta faticando nell'intento di riuscire in qualcosa. Lo invitate a fare un bel respiro e a riprovarci, questa volta con più calma, lentamente, senza gesti di stizza. Usate un tono tranquillo per enfatizzare la calma che andate predicando.

Ogni bambino, come voi, è provvisto geneticamente della calma, quindi tenderà ad andare in risonanza con la calma che emettete mediante la rassicurazione e si tranquillizzerà. Vi sorprenderete del risultato applicando questa semplice "regola", che è poi una legge fisica.

Invece spesso, troppo spesso, assisto a scene in cui i genitori, andando in risonanza con la rabbia del figlio, si "accendono". Vi ricordate la definizione di risonanza? È anche il fenomeno per cui, in condizioni particolari, l'ampiezza delle vibrazioni di un corpo tende ad assumere valori eccezionalmente elevati. Ed ecco la rabbia crescere fino a diventare collera. E allora accade che, anziché neutralizzare la rabbia del bambino, create lo scontro. E, purtroppo, ogni scontro genera sempre sofferenza, e questo è sciocco e del tutto inutile. Il regno animale si ferma a un approccio al mondo secondo il principio AZIONE-REAZIONE, noi essere umani abbiamo l'opportunità di usare l'EMPATIA e procedere di AZIONE in AZIONE eliminando il più possibile la forma reattiva.

Arrivare allo scontro, inoltre, significa che avete in qualche modo fallito: non siete riusciti a contenere il bambino, eppure siete voi l'insieme grande che contiene l'insieme piccolo.

Gli adulti non possono fare i bambini. Comprendo la nostalgia, ma è un tempo ormai passato per noi. E non possiamo aspettarci che siano i bambini a evitare i momenti di rabbia o paura. Siamo noi a doverli gestire e aiutare, è il nostro preciso compito di educatori, altrimenti l'educazione si riduce a una serie, a volte incomprensibile, di diktat ai quali ubbidire. E non dobbiamo dimenticare che nell'ubbidienza non c'è crescita: mancando guida e buon esempio, non si svilupperà il rispetto e, stiamone pur sicuri, appena gireremo le spalle... È vero, siamo esseri umani, ed *errare humanum est*, ma sappiamo come si conclude il detto.

Contenere, questo è il segreto.

Conosco una barzelletta davvero illuminante in proposito. Due carabinieri sono davanti a una fontana dove nuotano dei pesciolini rossi. L'appuntato spiega al maresciallo di aver letto su una rivista scientifica che un cervello superiore condiziona un cervello inferiore. Nell'esperimento condotto, lo scienziato dimostrava di essere in grado di far fare ciò che voleva a una scimmia utilizzando il pensiero. Il maresciallo allora preme gli indici sulle tempie e si concentra fissando un pesciolino rosso. Quando poi torna a rivolgersi all'appuntato, inizia a fare il verso del pesce.

Spero che i carabinieri non me ne vogliano! Attenzione quindi prima di "gettare la spugna" con i bambini.

Come educatori, abbiamo molte responsabilità anche in funzione delle idee che il bambino si formerà rispetto al mondo che lo circonda. E come adulti che sono stati bambini, dovremmo capire bene in che modo i condizionamenti riescano ancora a lavorare su di noi.

La storia dei "due gemellini all'ospedale" può essere un esempio chiarificatore di come le idee possano trasformarsi in veri e propri ostacoli, rischiando di divenire muri invalicabili entro i quali finiamo per imprigionarci. È anche una storia molto dalla parte delle zie, a dire il vero.

Ci sono due gemellini: Albi e Ruggi.

Albi, per la prima volta, va insieme alla nonna in ospedale a trovare il nonno. Non sa che cosa sia un ospedale, non c'è mai stato. Sarà la nonna a filtrare e a consegnargli l'idea di ospedale.

Ebbene, nonna e nipote entrano in ospedale. Albi, che fino a un attimo prima sorrideva, continua a sorridere. La nonna lo riprende spiegandogli che in ospedale c'è gente che soffre ed è quindi fuori luogo sorridere. Albi guarda la nonna: lei è serissima, e anche lui si fa serio e smette di sorridere.

Nonna e nipote procedono lungo un corridoio. Da una porta aperta il bambino scorge un uomo con dei tubicini infilati nel naso. Incuriosito, chiede alla nonna spiegazioni. La nonna prontamente distoglie lo sguardo del nipote dall'uomo e spiega che quel signore evidentemente sta molto male e non è in grado di respirare da solo, motivo per il quale gli sono stati inseriti i tubicini nel naso. Ma non è educato guardare chi soffre.

Albi abbassa lo sguardo a terra per un po' ma è un bambino e la curiosità prende il sopravvento e lo riporta a esplorare il nuovo ambiente. Il suo sguardo si sofferma quindi su un ragazzo con la gamba ingessata e sollevata. Chiede alla nonna che cosa gli sia successo e la nonna, sempre distogliendo lo sguardo del bambino come fosse inappropriato guardare la realtà, spiega che il ragazzo deve aver avuto un incidente che gli ha procurato la frattura. E aggiunge commenti sul dolore che deve aver sicuramente provato il ragazzo.

Albi torna a casa e alla domanda della mamma su che cosa pensi dell'ospedale risponde che è un posto brutto e che lui non ci vuole più mettere piede.

Nel frattempo Ruggi, l'altro gemellino, è tornato a casa. Sa che il fratellino ha vissuto una nuova esperienza ed è desideroso di poterla fare a sua volta. La mamma tenta di dissuaderlo ma i bambini vogliono vivere di persona le esperienze e si disinteressano delle critiche e dei commenti altrui.

Casualmente la zia è nei paraggi, sente che Ruggi vorrebbe andare anche lui a trovare il nonno e si offre di accompagnarlo.

I due arrivano in ospedale. Saltellando e sorridendo ne percorrono i corridoi, finché una suora non li riprende. La zia, tranquillamente, ribatte alla suora che non esiste altro luogo dove un sorriso sia tanto prezioso... E su questa battuta continua a sorridere.

Ruggi, che non sa cosa sia un ospedale e come sia giusto porsi, volge lo sguardo al suo punto di riferimento – l'adulto filtro – e, vedendo che la zia sorride, continua a sorridere anche lui. Saltellando lungo un corridoio, il bambino scorge da una porta aperta un uomo con due tubicini che entrano nel naso. Incuriosito chiede alla zia spiegazioni. La zia gli spiega che quel signore evidentemente faceva un po' fatica a respirare da solo e che allora gli hanno inserito questi tubicini per portargli più ossigeno e aiutarlo a sentirsi meglio.

Proseguendo lungo il corridoio, il suo sguardo si sofferma su un ragazzo con la gamba ingessata e sollevata. Chiede alla zia che cosa gli sia successo e lei racconta che il ragazzo non deve esser stato attento, deve aver fatto un bel "patapum" ed essersi procurato la frattura della gamba. E continua ricordando al nipotino un episodio vissuto insieme, quando un giorno, giocando con le macchinine, una si era rotta: avevano preso la colla e avevano tenute attaccate le due parti della macchinina per un po' di tempo, finché si erano nuovamente incollate tra loro. La stessa cosa stanno facendo con la gamba di quel ragazzo: le due ossa devono essere tenute unite per incollarsi di nuovo fra loro. Non c'è bisogno di spiegare il processo di calcificazione delle ossa.

Dopo essere stati dal nonno, zia e nipote tornano a casa. La mamma chiede al figlio che cosa pensi dell'ospedale e lui risponde che è un luogo dove si va per essere aiutati a stare meglio o per essere "aggiustati".

Ora, se tutto si fermasse qui, poco importerebbe. È normale che le persone abbiano idee diverse, persino se si tratta di gemelli.

Il punto è che spesso le idee che ci facciamo arrivano a bloccarci, ci impediscono di fare esperienze, ci tengono lontani dalle cose e dalle persone prima ancora di capirle. Le idee hanno implicazioni molto importanti.

La storia dei due gemellini ha un seguito. Albi e Ruggi, giocando, cadono e si fanno male. La mamma accorre e decide di portarli al pronto soccorso dell'ospedale.

Che cosa accade a questo punto?

Ovviamente Albi inizia a piangere, urla e oppone resistenza. Non ne vuole sapere di andare in ospedale.

Ruggi, invece, pensa che sia una buona idea, che sia anzi ovvio andare a farsi aggiustare.

Capite che ruolo fondamentale hanno i riferimenti-filtro? E come si formano i pregiudizi e i preconcetti? E, soprattutto, in che misura ci condizionano per tutta la vita? Il monito della storia non è solo che occorre fare molta attenzione con i bambini. Noi per primi dobbiamo sbloccarci.

Se abbiamo capito CHI SIAMO DAL PUNTO DI VISTA EMOTIVO-AFFETTIVO, CHI È IL RE/REGINA DEL REGNO, quanto sia infinitamente meglio SCEGLIERE IL PALLONCINO, come essere consapevoli delle risorse che abbiamo e come distribuirle in funzione delle nostre priorità, tenendo conto di COME FUNZIONA LA BATTERIA DELL'AUTO, e QUANTO SIAMO CONTAGIOSI, allora siamo pronti a individuare tutto ciò che è necessario cambiare in noi per invertire la tendenza e navigare in direzione BENESSERE, il nostro traguardo.

SESTO PIANO

Inversione di tendenza

«Non vi insegnerò nulla,
vi aiuterò soltanto a ricordare».
Luciano (il mio papi)

Di piano in piano abbiamo iniziato a capire un po' meglio chi siamo, come "funzioniamo" e, soprattutto, come neutralizzare e convertire le emozioni "negative". Tutto questo è indispensabile, vi ricordate? Per raggiungere una meta è necessario sapere da dove stiamo partendo, in quale direzione stiamo muovendo il primo importante passo e come affrontare le eventuali difficoltà. A questo punto del percorso abbiamo capito che tutto dipende da noi, più di quanto fossimo pronti ad ammettere, e ne siamo anche contenti: è vero, le responsabilità sono maggiori, però adesso siamo noi a gestire la nostra vita e questo non ha prezzo.

D'ora in poi dobbiamo comprendere che abbiamo tutto ciò che ci serve per arrivare al benessere. È importante ricordare, quindi agire.

Abbiamo iniziato questa meravigliosa avventura che è la vita nella beatitudine: eravamo tutt'uno con il mondo, nessuna separazione (fase dell'egocentrismo).

Poi abbiamo sperimentato i primi «no», «devi», «hai sbagliato», «non si fa». Sono tutte zavorre, e allora giù verso le basse frequenze. Di conseguenza, abbiamo iniziato ad avere paura di non essere meritevoli di amore, di non essere abbastanza bravi per mamma e papà, quindi di poter essere abbandonati proprio dalla nostra fonte primaria di amore, e siamo entrati ufficialmente nel regno delle basse frequenze, dove per lo più stiamo vagando ancora adesso. Nel tentativo di controllare la paura, abbiamo iniziato a selezionare i comportamenti che ci garantivano il risultato migliore, quindi abbiamo aperto dei file e li abbiamo archiviati lì. Tra questi abbiamo fatto un'ulteriore selezione, che ci ha fornito le basi su cui costruire il nostro personale copione, proprio in funzione dei rinforzi positivi che ciascuno di quei comportamenti aveva ottenuto.

Da qui in poi non abbiamo fatto altro che riproporre lo stesso, identico copione nelle varie situazioni che abbiamo vissuto. Addio quindi a genuinità e spontaneità! Ed è precisamente a questo punto che abbiamo iniziato a perderci: fintanto che siamo stati bambini, tra la libera espressione e la paura sembrava proprio che avesse la meglio la seconda.

Ma è importante ricordare che quei file li abbiamo archiviati secondo la percezione del bambino che eravamo, però adesso vanno riaperti e ridimensionati. Il bambino che eravamo aveva ragione di avere paura: un bambino non è in grado di provvedere a sé stesso, quindi ha bisogno che qualcuno si occupi di lui. Ma ora non siamo più quel bambino. Possiamo vivere in completa indipendenza, chiedendo di tanto in tanto un aiuto. «Chiedi e ti sarà dato», e non lo diceva certo uno qualunque! Però non ci ha mai invitato a pretendere! Possono pretendere i bambini proprio perché sono in uno stato di bisogno, ma se da grandi continuiamo a farlo, allora c'è da rivedere qualcosa! E adesso siamo grandi: è tempo di liberarci definitivamente di quel bambino che ormai ci soffoca con le sue paure. Ha vissuto il suo momento, ha scritto un copione comportamentale per garantirsi un futuro, o almeno così credeva, e ora è tempo di bruciare quel copione e iniziare a improvvisare! I fili sono diventati più che mai ingombranti e ci impediscono di muoverci liberamente. Abbiamo il bagaglio per partire verso qualunque destinazione. Lo abbiamo accumulato di esperienza in esperienza e possiamo utilizzarlo per andare avanti. Il bagaglio non lo si prepara a caso: lo si prepara per poter affrontare il grande viaggio. E, per affrontare il grande viaggio, non possiamo portarci dietro le paure di quel bambino e soprattutto non possiamo più permetterci di viverle. Sono solo zavorre inutili.

Quindi, ciò che ragionevolmente non può essere affrontato da un bambino, dev'essere assolutamente affrontato da un adulto, poiché questo è il compito generazionale da assolvere una volta sviluppati i mezzi necessari, che ci aiutano a vedere la realtà con altri occhi.

Vi è mai capitato di tornare nei luoghi dell'infanzia? E come vi sono sembrati rispetto al ricordo che ne avevate? Tutto più piccolo, vero? Come se per magia ogni luogo e ogni oggetto avessero subito un ridimensionamento stile *Alice nel paese delle meraviglie.*

A me è capitato di tornare in quello che fu il mio asilo. Il grande salone dove correvo fino a non poterne più, puff, era diventato una semplice stanza. Nient'altro che una grande stanza. Anche le suore mi sono sembrate più piccole.

E che effetto vedere i vestitini conservati con cura dalla mamma! Stentiamo quasi a credere di averli indossati. E dal momento che non ci sfiora neanche l'idea di provare a infilarceli adesso, perché mai continuare a vestire i panni emozionali della nostra infanzia?

Quando lo facciamo, diventiamo attori su un palcoscenico.

Immaginiamo che il mondo sia un immenso palcoscenico, e noi tutti attori sulla scena della vita. Anche se non ne siamo consapevoli, ci caliamo fino in fondo nella parte con una convinzione tale che iniziamo a vivere film che non hanno nulla a che fare con la realtà. È nell'improvvisazione che scorre la vita. Seguendo un copione, recitiamo una parte, più o meno bella, più o meno gratificante, ma nulla di più che una parte già scritta.

Consideriamo la nostra nascita come il ciak d'inizio. Ora, se un attore sulla scena ci desse uno schiaffo, come prevede la sceneggiatura, e poi alla prima pausa ci invitasse a prendere un caffè, sarebbe assurdo rispondergli: «Non ci penso nemmeno, brutto cafone, manesco che non sei altro!». Ovvio: non è la realtà, è solo un copione! E finché non ce ne libereremo definitivamente, vivremo illusioni che c'entrano poco o nulla con la vita reale. Certo, sono esperienze importanti per arrivare a comprendere, ma poi è necessario uscire dallo stato di coma profondo e smettere di soffrire per illusioni che, per quanto vere possano sembrare, non sono la realtà che ci troveremo ad affrontare scendendo dal palcoscenico e abbandonando la parte a cui ci siamo tanto affezionati. Perché se vogliamo concretizzare un sogno, dobbiamo innanzitutto svegliarci. Metterci in gioco, cambiare le regole, usare l'immaginazione: questa è l'improvvisazione. Il film che realizzeremo è la nostra vita.

Continuare a vivere il bambino che è in noi significa vivere nel passato. Vivere proiettati nell'ideale a cui ambiamo, significa vivere nel futuro.

Passato e futuro non esistono: il primo se n'è andato per sempre, il secondo non è detto che arrivi mai, ecco perché generano sofferenza.

Vivere nel qui e ora: questa è l'unica vera risorsa in cui valga la pena investire tutto.

Il nostro essere presenti adesso, così come siamo, pronti a impegnarci per effettuare la grande manovra: l'inversione di tendenza **(Fig. → pag. IX)**.

□ *Fase 1: liberarsi definitivamente del copione.*

Il nostro copione è stato scritto dal bambino che siamo stati e il bambino è paura. Che cosa potevamo aspettarci? Se ci fermassimo davanti alle paure di un bambino non vivremmo le nostre vite, e saremmo impegnati solo a sfuggire quelle paure. Paure che ci portiamo dentro. Paure infantili.

È arrivato il momento di vincere la paura, a qualsiasi prezzo.

In gioco ci siamo noi, non i soldi del Monopoli.

È vero che non si può capire che cosa sia la luce finché non si fa esperienza del buio, ma adesso che conosciamo l'importanza della luce così come i vantaggi e le comodità del piano attico, perché decidere di vivere in uno scantinato?

□ *Fase 2: tornare al regno dei beati.*

Ricordiamoci che il nostro scopo è tornare ad abitare quel regno di beatitudine nel quale è partita l'avventura della vita. Ci torniamo per scelta, non perché siamo ingenui, né perché fingiamo di stare bene, né tanto meno perché ci accontentiamo. Un po' come accade quando entriamo in una pasticceria: vi è mai capitato di chiedere le briciole? Decisamente no, vero? Avete sempre e solo chiesto la torta! E ammetterete che di una torta si può fare tranquillamente a meno? Nel senso che possiamo vivere benissimo anche senza? Eppure la vogliamo tutta quella torta e la vogliamo intera.

Poi però, quando entriamo nel ben più importante negozio della vita, timidamente chiediamo se è rimasta qualche briciola di benessere. Quanti di voi si riconoscono in questo? Quanti di voi sentono che si stanno accontentando perché hanno paura di non poter ottenere di meglio?

Non otterremo il meglio finché non saremo disposti a porlo in cima alle priorità. Quando facevo l'insegnante, ero solita chiedere ai miei studenti perché, secondo loro, ci sono così pochi astronauti rispetto a, che so, impiegati di banca. Loro mi rispondevano che era sicuramente perché fare l'astronauta è molto più difficile, meno sicuro e poi bisogna studiare un sacco.

Credo invece che la risposta risieda nel fatto che sono pochi quelli che lo vogliono davvero!

Il mondo offre innumerevoli esempi del fatto che volere è potere, e qui le leggende metropolitane non c'entrano affatto.

Questo è un punto cruciale che richiede tutta la vostra attenzione. Se capirete ciò che intendo, riuscirete veramente a realizzare il cambiamento, perché sarete pronti a buttare via il copione e non incapperete più in Piazza Sofferenza solo perché è l'unica che conoscete.

Sarete pronti a esprimere liberamente voi stessi.

D'ora in poi gli imperativi saranno:

- prestare attenzione alla qualità del pensiero e mantenersi in uno stato di presenza (così è più difficile inciampare!, quindi vietato appendere il cartello «Torno subito»);
- chiedersi spesso: «È ciò che ritengo giusto per me e che voglio davvero?» e procedere solo quando la risposta è: «Sì, è quello che voglio»;
- «Il ristorante è definitivamente chiuso».

Sapete che per due punti passa una e una sola retta? È un postulato della geometria euclidea.

Se i punti sono tre, dovranno essere ben allineati, se vogliamo che la direzione sia univoca e il risultato degli imperativi sia il benessere.

□ *Fase 3: attraversare i quattro portali (portale accettazione, portale fiducia, portale determinazione, portale consapevolezza) di accesso al gioco della vita.*

Come avrete notato, questo libro presenta una suddivisione particolare: non ci sono i classici capitoli, bensì una divisione in piani.

La scelta, nonché il nucleo centrale del testo, si fonda sul parallelismo tra la vita di ciascuno di noi e un videogioco: l'idea è che possiamo accedere a piani successivi di consapevolezza, non appena abbiamo affrontato e superato tutte le prove dei piani precedenti e abbiamo quindi completato il piano.

Il passaggio avviene attraverso veri e propri portali, che consentono il salto quantico al livello successivo. Come in un videogioco, anche nella vita reale possiamo avere "più vite", ovviamente in senso metaforico. Guardiamoci allo specchio: possiamo davvero dire di essere gli stessi di qualche anno fa? Anche solo fisicamente siamo cambiati (e pensare che qualcuno fa del suo essere sempre uguale a sé stesso un motivo di vanto!). Comunque, come ho già più volte ribadito, lo scopo del gioco della vita è la conquista di sé, il cui tratto distintivo è la consapevolezza, garanzia di benessere.

Il concetto base è che esistono vari mondi, ognuno dei quali si differenzia per livelli di consapevolezza sempre più alti.

Ogni volta che compiamo un salto quantico, accediamo a un mondo parallelo completamente diverso dal precedente per dinamiche e tipologia di rapporti: ogni cosa e ogni riferimento cambiano e il tutto viene osservato da un rinnovato e più elevato punto di prospettiva, che consente di vedere con occhi nuovi.

Il gioco nel gioco è dato dalla conquista di ogni piano fino al raggiungimento di "*highlander*, l'ultimo immortale": ricordate il film?

Il messaggio di fondo era che ne sarebbe rimasto uno solo: questo è lo scopo comune. Capito il gioco, diventa chiaro che ciò che occorre fare è colpire direttamente alla fonte, infliggere il colpo di grazia eliminando le ultime cinque voci che parlano dentro di noi. Quali voci? Ricordate i vuoti che ci sono stati lasciati in eredità dai nostri genitori durante l'infanzia? Ciascuno di questi rappresenta la fonte primordiale di tutte le zavorre la cui matrice, la paura, è responsabile dei blocchi che ostacolano il nostro percorso in direzione del benessere: paura di non essere amati, rassicurati, protetti, sostenuti e che non ci venga data fiducia.

Che fare dunque?

Innanzitutto occorre isolare ciascuna delle voci per eliminare la confusione che generano quando parlano insieme. Noi abbiamo il compito di verificare come esista un osservatore *super partes* in grado di analizzarle. Quest'osservatore è il nostro sé. Il sé è il soggetto pensante, le voci sono i pensieri pensati. Noi non siamo i nostri pensieri, li pensiamo e quindi possiamo anche cambiarli, se ci va. Possiamo usare il sé per identificare le voci che stanno esprimendo paura, e soprattutto per comprendere definitivamente che noi non siamo quelle voci, quindi rispondiamo a ognuna di esse. Sfidiamole. Non preoccupiamoci di sbagliare (zavorra), ricordiamo che sbagliando s'impara (palloncino). È così che si diventa consapevoli del gioco. Allora non penseremo più a vincere o a perdere, ma a imparare e a divertirci senza prenderci sempre troppo sul serio.

Del resto, non si è mai visto un Paese in guerra che impieghi risorse per il divertimento, il benessere, gli svaghi. Quando siamo in lotta con noi stessi e viviamo conflitti interiori, siamo i primi a essere penalizzati. Allora vale la pena di rifletterci bene a fondo e, con l'aiuto del sano egoismo, prenderci il tempo necessario per lavorare su quei buchi pieni di paura che provocano una grande inquietudine, impedendoci di metterci in contatto con l'unica vera voce cui valga la pena di prestare ascolto: la voce del sé. La possiamo trovare nelle profondità di noi stessi, dove l'abbiamo relegata quando non eravamo pronti e forti abbastanza per ascoltarla e lasciare che si esprimesse.

Le cinque voci hanno come motivazione la paura. È la paura ad alimentarle. Allora parliamo alla paura.

Conoscete il film *A Beautiful Mind*? Sapevate che è una storia vera? Il protagonista, un matematico in seguito Premio Nobel, è schizofrenico. A un certo punto si rende conto dell'ipnosi nella quale è vissuto ed è stato disposto a credere – e questo, dal suo punto di vista, va considerato un grande e fondamentale atto di fiducia, la svolta decisiva – che i personaggi che abitavano la sua mente, di fatto non esistevano. Allora lui gli parla. Sì, parla a quei personaggi che abitano la sua mente. E quel discorso diviene una dichiarazione importante.

La stessa che vi chiedo di fare io, adesso, sottoscrivendo un patto in cui dichiarate di essere disposti a cambiare le priorità: il benessere diventa la vostra priorità assoluta. Non esiste un modo predeterminato per conquistare il benessere, esiste il *vostro* modo di esserci. Non è possibile stabilire se ci arriverete con quell'amico o quella fidanzata, con quell'auto o quel lavoro, abitando qui o altrove: sapete solo, e si fa per dire, che conoscerete il benessere e sarete disposti a lasciarvi alle spalle ciò che non sarà determinante al suo raggiungimento, fiduciosi che, strada facendo, troverete tutto ciò che sarà utile allo scopo.

Quindi, se lo scopo è andare su – e lo scopo è decisamente questo – occorre parlare ai nostri pensieri a basse frequenze. Far questo può farci sentire degli idioti, ma è meglio sembrare idioti che esserlo. Invece, concentriamoci sul discorso che stiamo per fare. Quel che dobbiamo mettere in chiaro è che non siamo più disposti a credere a quanto ci dicono, a farci ingannare: sappiamo che ci promettono da una vita di farci stare bene, ma di fatto non hanno mai mantenuto la promessa. Lo sappiamo bene, perché spesso ci abbiamo creduto e li abbiamo seguiti, ma poi, come fossimo stati legati a un elastico, a un certo punto, tac!, siamo tornati giù. È stata solo la promessa che, per un attimo, ci ha dato la sensazione di andare in alto, ma non era che un'illusione! È con il vissuto che si procede verso una meta: né con le promesse, né con l'intenzione, né con le finzioni.

Non bisogna quindi dare troppo spazio ai pensieri a basse frequenze: sono legati al copione e ci fanno credere che ci sia dolore laddove c'è solo esperienza (e una lezione da impare) perché sono generati dalla paura. Questi pensieri sono bisogno e mancanza, mentre noi siamo perfezione in ogni istante. Questi pensieri creano un "io" ideale, che ci indica come dovremmo essere, mentre noi vogliamo andare esattamente nella direzione opposta: verso il piacere di essere, verso la libera espressione, l'accettazione di sé. Perciò, se li seguiamo, è garantito che arriveremo in Piazza Sofferenza.

Gli stronzetti trovano sempre un motivo per cui lagnarsi, brontolare, arrabbiarsi, disperarsi, preoccuparsi o qualcosa da giudicare, etichettare. Allora, una volta per tutte, sfidiamo la paura di non essere amati. Sentiremo un gran vuoto, ma, senza spaventarci, lasciamo che esso ci attraversi. Non dobbiamo avere fretta di riempirlo, non è vero che dentro c'è la morte. Finché non l'avremo affrontata, avremo a disposizione solo la risorsa della paura e allora ci ricascheremo. Invece, dobbiamo tenere duro, finché non scopriremo che resistendo il tempo necessario a quella che è una vera e propria crisi di astinenza, poi non pretenderemo più di sentirci amati, e non ci sentiremo più soli, poiché avremo sviluppato l'AMOR

PROPRIO, staremo bene con noi stessi e proveremo il piacere di condividerlo.

Comprenderemo che non abbiamo più nemmeno bisogno di essere rassicurati: lasceremo che anche questa paura ci attraversi, tremeremo, ma poi quel tremore passerà e con esso la preoccupazione di non farcela. In questo modo svilupperemo il CORAGGIO, che ci aiuterà ad affrontare le situazioni difficili che incontreremo lungo il cammino.

Mentre tutto si andrà delineando con maggior chiarezza, non ci interesserà nemmeno più dipendere dalla protezione degli altri. Nonostante la paura imperversi ancora minacciosa, avremo la forza di uscire allo scoperto e correre il rischio di vivere. In questo modo svilupperemo l'AUTONOMIA indispensabile per affrontare le incognite della vita.

Dopo essere caduti e aver scoperto nel dolore che a volte possiamo contare solo su noi stessi per rialzarci, realizzeremo che non abbiamo più bisogno del sostegno altrui. Percepiremo una nuova fonte interiore: l'AUTOSTIMA. Ciò non significa che un certo "tifo" non sia comunque gradito o che non potremo più rivolgerci a un amico per chiedere aiuto.

Infine, arriveremo a comprendere che la diffidenza non aiuta a fare esperienza, anzi, porta a chiudersi sempre più alle possibilità della vita. A questo punto saremo pronti per lasciarci andare e ci assumeremo la piena RESPONSABILITÀ di ogni pensiero, di ogni azione. Se abbiamo deciso di giocare, allora ci assumeremo le responsabilità che il gioco impone, e che gli altri facciano ciò che credono. Adesso noi sappiamo che cosa vogliamo per noi stessi.

Lavorando sull'accettazione di ciò che è, agiamo per il cambiamento, e arriviamo in Piazza Benessere.

Anni fa ho collaborato con un ricercatore. Era davvero bravo nel suo lavoro e dirigeva un laboratorio molto importante. Facevano esperimenti, ricerche e poi, una volta all'anno, presentavano i risultati nel corso di una conferenza stampa. Non era lui però il portavoce del laboratorio perché la paura di parlare in pubblico lo bloccava e preferiva affidare il compito ad altri. Ora, il portavoce, si sa, è anche quello cui viene attribuito il merito dei risultati. È il volto che viene identificato con i risultati ottenuti. Il ricercatore viveva questa faccenda con grande frustrazione: è vero che una cosa ben fatta rimane una cosa ben fatta a prescindere dai riconoscimenti ufficiali. Però ormai anche il diretto interessato percepiva la necessità di superare una volta per tutte questo limite. E fu così che decise di iniziare il suo "percorso benessere", per vincere le paure che lo bloccavano.

Dopo mesi di lavoro insieme, si presentò alla conferenza stampa in veste ufficiale di portavoce e responsabile del laboratorio di ricerca (la paura e l'ansia non l'hanno ancora abbandonato del tutto, ma la saracinesca del ristorante è decisamente abbassata). Quindi, prima di iniziare il discorso, forse chiuso nella toilette, parlò alla paura e all'ansia per informarle che non era più disposto a comportarsi in funzione loro. Non le avrebbe cacciate, erano libere di fare ciò che volevano, ma in ogni caso lui le avrebbe ignorate. Entrò nella sala conferenze e prima di iniziare il discorso, spiegò al pubblico che avrebbe voluto presentarsi da solo, ma la signora Paura e sua cugina Ansia avevano insistito per accompagnarlo, e proseguì dichiarando che la responsabilità di eventuali papere o incespicamenti sarebbe stata da imputare solo a loro, lui non ne voleva sapere nulla. E fu così che la conferenza ebbe inizio con l'ironia (palloncino) del portavoce, condivisa dai sorrisi (palloncino) del pubblico e dei giornalisti presenti in sala. Non ci furono né papere né incespicamenti, solo un'esposizione chiara cui fece seguito il plauso della sala.

Ciascuno può vivere la vita che preferisce, e la prova che si tratta della vita giusta per noi è che sappiamo chi siamo e ci sentiamo bene nell'esserlo. Se invece siamo scontenti e insoddisfatti, è segno che dobbiamo cambiare qualcosa, facendo chiarezza dentro di noi innanzitutto. Così, come quando abbiamo mente e cuore confusi, è segno che stiamo mentendo a noi stessi su qualcosa di importante.

Se avete la sensazione di trovarvi in un vicolo cieco, ripercorrete attentamente le cinque tappe illustrate di seguito e leggete i brani che le corredano, concedendovi il tempo necessario per assimilarle.

■ *Prima tappa*: prendete atto che dipende da voi credere di "non potere", in funzione di come durante l'infanzia avete archiviato impedimenti oggettivi per un bambino. Ricordate però che adesso non siete più quel bambino.

L'elefante incatenato

Quando ero piccolo adoravo il circo, mi piacevano soprattutto gli animali. Ero attratto in par-

ticolar modo dall'elefante che, come scoprii più tardi, era l'animale preferito da tanti bambini. Durante lo spettacolo quel bestione dava mostra di una stazza e di una forza davvero fuori dal comune, ma dopo il suo numero, e fino a un momento prima di entrare in scena, l'elefante era sempre legato a un paletto conficcato nel suolo, con una catena che gli imprigionava una delle zampe.
Eppure, il paletto era un minuscolo pezzo di legno che affondava nel terreno soltanto per pochi centimetri. E anche se la catena era grossa e robusta, mi pareva ovvio che un animale in grado di sradicare un albero potesse liberarsi facilmente da quel paletto e fuggire.
Era davvero un bel mistero.
Che cosa lo teneva legato, allora?
Perché non scappava?
Quando avevo cinque o sei anni nutrivo ancora fiducia nella saggezza dei grandi. Allora chiesi al mio maestro, a mio padre e a uno zio di risolvere il mistero dell'elefante. Qualcuno di loro mi spiegò che l'elefante non scappava perché era ammaestrato.
Allora posi la domanda ovvia: «Se è ammaestrato, perché lo incatenano?».
Non ricordo di aver ricevuto nessuna risposta coerente. Con il passare del tempo dimenticai il mistero dell'elefante e del paletto, e ci pensavo soltanto quando m'imbattevo in altre persone che si erano poste la stessa mia domanda.

Per caso, qualche anno fa ho scoperto che qualcuno era stato abbastanza saggio da trovare la risposta: l'elefante del circo non scappa perché è stato legato a un paletto simile fin da quando era molto, molto piccolo.

Chiusi gli occhi e immaginai l'elefantino indifeso, appena nato, legato al paletto. Sono sicuro che, allora, l'elefantino abbia provato a spingere e a tirare, sudando nel tentativo di liberarsi. Ma nonostante gli sforzi non ci riusciva perché quel paletto era troppo saldo per lui. Lo vedevo addormentarsi sfinito, e il giorno dopo e quello dopo ancora.

Finché un giorno, un giorno terribile per lui, l'animale si rassegnò al proprio destino.

L'elefante enorme e possente che vediamo al circo non scappa perché, poveretto, crede di non poterlo fare.

Ha impresso il ricordo della propria impotenza, sperimentata subito dopo la nascita.

E la cosa peggiore è che non è mai più tornato con la mente a quel ricordo.

E non ha mai più messo alla prova la sua forza, mai più...

(Da Jorge Bucay, *Lascia che ti racconti. Storie per imparare a vivere*, Rizzoli, Milano 2004)

Siamo alla svolta.

■ *Seconda tappa*: è rappresentata dal primo portale che ci consente di accedere a piani più elevati di consapevolezza, il *portale accettazione*.

Senza accettazione subiamo ogni accadimento con un senso di ineluttabilità. Non viviamo la vita che vorremmo, ma ci blocchiamo nella rassegnazione della sopravvivenza: ci accontentiamo delle briciole, per intenderci. Per andare ovunque è necessario passare dall'accettazione: in ospedale, in albergo, in un'officina. Così, per esempio, se a un certo punto abbiamo vissuto un'esperienza triste, in funzione di come l'abbiamo affrontata e superata e di quanto siamo motivati a rivisitarla oggi con il senno di poi, voleremo in alto trasportati dai palloncini delle alte frequenze oppure rimarremo vittime del passato che crediamo di non poter superare.

Il bambino triste

Siete in un parchetto con tanti bambini. A un certo punto scorgete un bambino tutto solo, seduto su una panchina con lo sguardo basso e triste. Che cosa fate? (Attenzione: è un test, quindi riflettete bene prima di rispondere).
Per prima cosa, andate dal bimbo appartato e gli chiedete come mai non va a giocare con gli altri bambini. È evidente che sia triste, ma non è in grado di rispondere perché non sa ancora dare un nome alle emozioni che prova.
Come abbiamo visto, i bambini hanno un corredo emozionale pressoché completo ma, non avendo ancora fatto esperienza diretta di tutte le emozioni, non le sanno ancora riconoscere e nominare. Ricordiamoci che, a volte, anche noi adulti abbiamo qualche difficoltà.

Caso 1. Tagliate corto e invitate il bambino triste a scacciare la tristezza e a unirsi agli altri per giocare. Ora, se questo è ciò che, a grandi linee, fareste, vi invito a riflettere sul messaggio inviato al bambino attraverso il vostro suggerimento, fatto in buona fede, di scacciare la tristezza e andare a giocare: «La tristezza è una cosa brutta e va rifuggita; bisogna distrarsi e far finta che non ci sia».

Il nostro bambino triste crescerà e diventerà un giovane adulto. Che reazioni pensate possa avere nel momento in cui dovesse subodorare l'arrivo della tristezza? Come minimo si attaccherà al telefono e chiamerà tutti gli amici sulla rubrica per organizzare qualcosa che gli permetta di sfuggire alla tristezza incombente. L'allarme crescerà e così la sua ansia di fare qualcosa per distrarsi. E se gli amici non fossero disponibili? Una tragedia!

In realtà, non esistono emozioni positive o negative. Le emozioni sono veicoli d'informazioni preziose per noi. Se le rifuggiamo, che senso hanno? Il comportamento migliore da tenere in questi casi, trasmettendo quindi il messaggio corretto, è lasciare che il bambino sperimenti la tristezza e scopra che cosa sia.

Caso 2. Potreste avvicinarlo e dirgli: «Bene, sei triste. Allora quando, tra un attimo, la tristezza sarà andata via, ti aspettiamo per giocare con noi». Il messaggio che passate in questo caso è: «La tristezza è un'emozione: arriva e dopo un po' se ne va». Non abbiamo fatto nulla per farla arrivare, ma sappiamo che ogni emozione ci consegna un'informazione preziosa, quindi perché rifuggirla?

E quanto tempo credete passi prima che quel bambino ritrovi il sorriso e raggiunga gli amichetti a giocare? Al solito, sono le implicazioni che vanno tenute d'occhio per limitare i danni. Il nostro bambino triste crescerà e diventerà un giovane adulto. In questo caso che reazioni pensate possa avere nel momento in cui dovesse subodorare l'arrivo della tristezza? Si accomoderà sul divano e aspetterà che passi! E se qualche amico dovesse chiamarlo per uscire, declinerà l'invito perché sentirà la necessità di stare un po' solo, di chiudersi nel suo bozzolo finché la farfalla sarà pronta per uscirne e volare via...

Non possiamo essere sempre felici. Il sempre è rappresentato da una linea piatta e sapete qual è il significato universalmente riconosciuto della linea piatta? Morte! Che nel nostro caso non significa necessariamente morte biologica, ma piuttosto morte psichica.

La vita, nella sua ciclicità, è fatta di alti e bassi. Per cui un giorno possiamo essere allegri, sereni e sprizzare gioia da tutti i pori, aver voglia di stare in compagnia e di condividere. Un altro saremo tristi – e comunque sereni – e avremo voglia di chiuderci nel nostro bozzolo. Ciò che conta è rispettarsi per quello che si è e mantenersi entro la costante serenità *(Fig. 6.1)*.

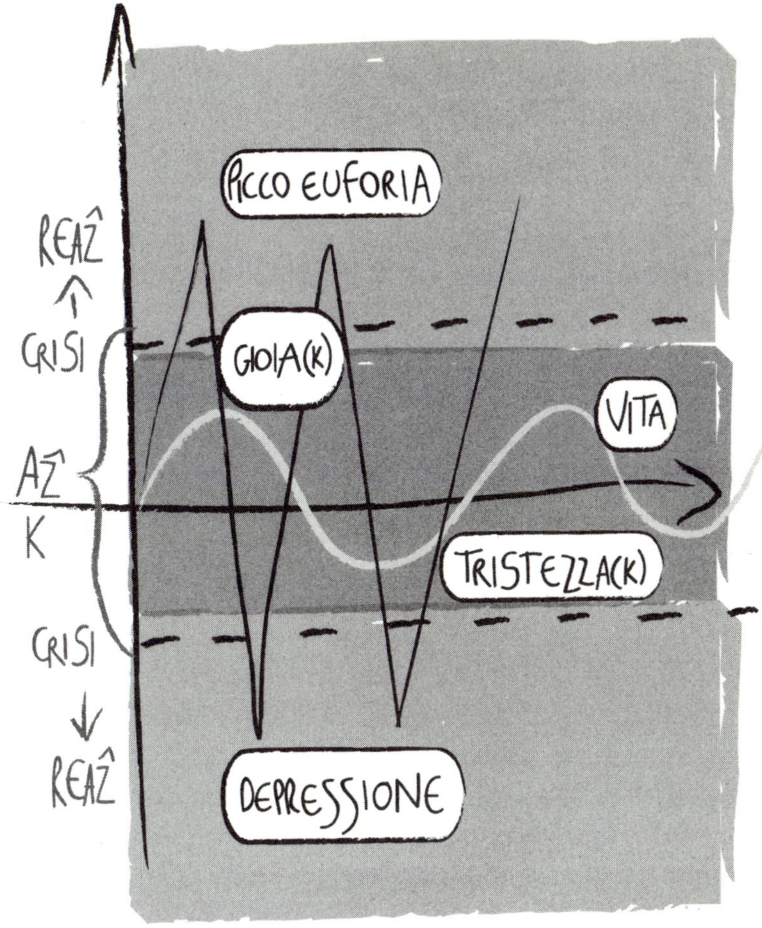

FIG.6.1

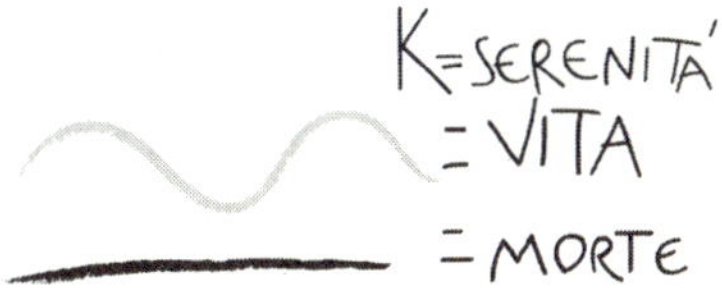

La ciclicità della vita entro la costante (K) serenità.

Questo modo di procedere ben rappresenta il concetto di accettazione, il primo, preziosissimo portale per poter effettuare l'inversione di tendenza.

■ *Terza tappa*: è rappresentata dal secondo portale che ci consente di accedere a piani più elevati di consapevolezza, il *portale fiducia*.

Fiducia, ossia apertura alle possibilità. Adesso siamo pronti a lasciarci alle spalle il passato, fiduciosi che riceveremo quanto serve per raggiungere la serenità nel vivere quotidiano. Il mondo non ci appare più diviso in facile o difficile, pertanto cadono i blocchi dinanzi al cartello "DIFFICILE": la divisione ora è solo tra possibile e impossibile. Provate a tornare con la memoria al tempo degli esami di terza media o alla maturità: il giorno prima come stavate? Sembrava impossibile ricordarsi tutto, vero? E oggi, che ricordo avete di quel giorno?

Quindi, pensando a ciò che nel corso di una vita abbiamo visto passare dall'area dell'impossibile a quella del possibile, possiamo concludere che il nuovo mondo si estende all'infinito. Ma, nell'infinito vogliamo concentrare l'attenzione su ciò che interessa a noi, su ciò che vogliamo davvero.

Non sono una religiosa.

Nella mia professione non ci sono riferimenti alla religione e lavoro con persone appartenenti a qualsiasi credo. Ma c'è sicuramente spiritualità: escluderla equivarrebbe a escludere una parte consistente dell'uomo quando lo scopo è studiare l'uomo. Quindi, mi capita di fare riferimento a testi legati alla storia delle religioni a titolo esemplificativo.

Amo particolarmente la figura di Gesù ma, nel mio lavoro, cito spesso anche il Buddha: lo conosco meno ma la sua figura mi affascina moltissimo.

In tema di fiducia mi piace ricordare un episodio evangelico molto illuminante.

Le reti della fiducia

Pietro, l'apostolo pescatore, torna al porticciolo con le reti vuote. Gesù gli va incontro e Pietro racconta di avere pescato invano tutta la notte insieme agli altri, senza prendere nulla.
Allora Gesù gli dice: «Pietro, prendi il largo e cala le reti per la pesca».
Pietro lo guarda perplesso e forse pensa: «Non sono un idiota: sono appena tornato! Sapevo dagli altri pescatori che non avrei pescato un solo pesce, ma sono andato ugualmente. Ed è proprio per questo che sono sfiduciato: non ci sono pesci!».
E invece risponde: «Maestro, abbiamo faticato tutta la notte e non abbiamo preso nulla, ma sulla tua parola getterò le reti».
E sapete cosa succede? Prendono un'enorme quantità di pesci tanto che le reti rischiano di rompersi e devono chiedere ai compagni dell'altra barca che vengano ad aiutarli.

Ed è qui che si compie il miracolo: non è Gesù a compierlo, è Pietro. Certo, l'intervento di Gesù è determinante, ma è lui, Pietro, a fare il miracolo.

Perché? Perché si fida di Gesù. E la fiducia è un atto volontario.

Pietro era sfiduciato, o meglio, *credeva* di non avere più fiducia, ma dal momento che decide di concederla a Gesù, allora da qualche parte dentro di lui doveva pure essercene, non vi pare?

Quindi Gesù si presta per dimostrare a Pietro che, pur ritenendo di non avere più fiducia, in realtà ne ha ancora. Ed è con quella rinnovata fiducia che Pietro parte e getta le reti. Ed è per questo che torna con le reti piene.

Fi-du-cia. Questa è la parola magica. Scanditela bene e usatela con attenzione: fa miracoli.

Non è fantastico? Non date retta a chi vi dice che la storiella funziona solo se c'è Gesù: non è vero. Funziona solo se c'è fiducia.

Anche perché, secondo me, Gesù non è proprio il tipo che si diverta a prendere in giro la gente. Lui stesso ci ha detto che quello che fa lui, possiamo farlo anche noi e, se crediamo in lui, non possiamo credere solo a ciò che ci fa comodo ma a tutto. E, in quel tutto c'è e ci deve essere anche questa fantastica dichiarazione. Sì, lo so, fa paura. Mette quasi a disagio. Si fa fatica a crederci. Però è vera.

E se si ha abbastanza coraggio da sperimentarla, la si scopre in tutta la sua grandezza.

Basta con la storia dell'affidarsi a Gesù. Lui ci ha affidato la vita e che gioco è quello di riaffidargliela?

Viviamola.

La vita è un parco giochi e se anche qualche volta, scendendo dallo scivolo a testa in giù, ci siamo fatti male, lo scivolo in sé non smette di essere un gioco divertente.

E il parco giochi, nonostante capiti che i bambini cadano, bisticcino e piangano, non smette di essere un luogo divertente.

E per quanto a volte il nostro approccio, non proprio corretto, ci faccia soffrire, la vita non smette di essere meravigliosa!

■ *Quarta tappa*: è rappresentata dal terzo portale che ci consente di accedere a piani più elevati di consapevolezza, il *portale determinazione*.

La determinazione è da considerarsi una sorta di fiducia all'ennesima potenza: significa credere fortemente in qualcosa, convogliare lì tutte le energie e risorse ed essere disposti a provare e riprovare fino allo sfinimento.

Ribadisco: fino allo sfinimento.

Le ranocchie nella panna

C'erano una volta due ranocchie che caddero in un recipiente pieno di panna.
Si resero subito conto che sarebbero affogate: era impossibile nuotare o rimanere a galla per tanto tempo in quella massa densa come sabbie mobili. All'inizio, le due rane presero ad agitarsi nel tentativo di raggiungere il bordo del recipiente. Ma era inutile. Riuscivano soltanto a sguazzare sul posto e ad affondare. Diventava sempre più difficile risalire in superficie e respirare.
Una di loro disse ad alta voce: «Non ce la faccio più. È impossibile uscire da qui. Non si può nuotare in mezzo a questa roba viscida. E dato

che devo morire, non vedo perché prolungare la mia sofferenza. Non riesco proprio a capire che senso abbia morire di sfinimento per uno sforzo inutile».

Detto questo smise di dibattersi e affondò rapidamente, inghiottita dal liquido biancastro.

L'altra rana, più costante o forse più cocciuta disse fra sé: «Non c'è verso di salvarsi! Non c'è nulla che possa fare per uscire da questa roba. Eppure, anche se la morte si avvicina, preferisco lottare fino all'ultimo respiro. Non voglio morire neanche un secondo prima che sia giunta la mia ora».

Continuò a sguazzare sempre sul posto, senza muoversi di un millimetro, per ore e ore.

E a un tratto, con tutto quello zampettare e dimenarsi, agitare e tirar calci, la panna si trasformò in burro.

Meravigliata, la ranocchia spiccò un salto e pattinando raggiunse il bordo del recipiente. Lo scavalcò e se ne ritornò a casa gracidando allegramente.

■ *Quinta tappa*: l'ultima, la più importante, è rappresentata dal *portale consapevolezza*. L'affrontiamo mettendo in gioco a una a una tutte e cinque le qualità (amor proprio, coraggio, autonomia, autostima, responsabilità) che abbiamo acquisito di esperienza in esperienza e di portale in portale fino a quest'ultimo. Quando lo passiamo, assistiamo a una trasformazione: una visione del mondo completamente nuova, in cui non esiste più la dualità, in cui tutto è uno, al di sopra del bene e del male, letteralmente.

Non affrontiamo più le situazioni nell'ottica duale (attraverso l'idea di bene/male), ma le accogliamo come unità esperienza.

Ogni fatto è semplicemente un'esperienza, pertanto è inutile perdere tempo nel tentativo di stabilire se una situazione è bella, brutta, tragica, dolorosa o gioiosa: la viviamo e basta e, per dirla come Richard Bach: «Se non è divertente, sicuro c'è da apprendere!». Allora, fuori il taccuino: inizia la lezione.

Siamo finalmente giunti a conquistare la consapevolezza *(Fig. 6.2)*.

Qui, paradossalmente nulla è più indispensabile. Ecco perché si acquisisce il privilegio del chissenefrega. La fiducia sviluppa responsabilità e, poi, un po' come recita il detto «Impara l'arte e mettila da parte», arrivati su, sempre più su, fino ad aver conquistato la consapevolezza, possiamo anche permetterci il lusso di essere consapevolmente del tutto irresponsabili.

Non sentiamo più l'esigenza di fare, fare, fare. L'essere è al centro del nostro mondo. Smettiamo di sentirci indispensabili e comprendiamo l'unità dell'universo e la fragilità dell'apparenza.

Anche la percezione del tempo cambia.

Adesso siamo capaci di amore incondizionato, rassicurazione, protezione, sostegno e fiducia. Siamo individui. Adesso abbiamo pieno accesso al nostro sé, siamo tutt'uno con il nostro sé: il burattino è diventato un bambino in carne e ossa, e siamo tornati in contatto con la parte emozionale di noi, che ha sede a livello del

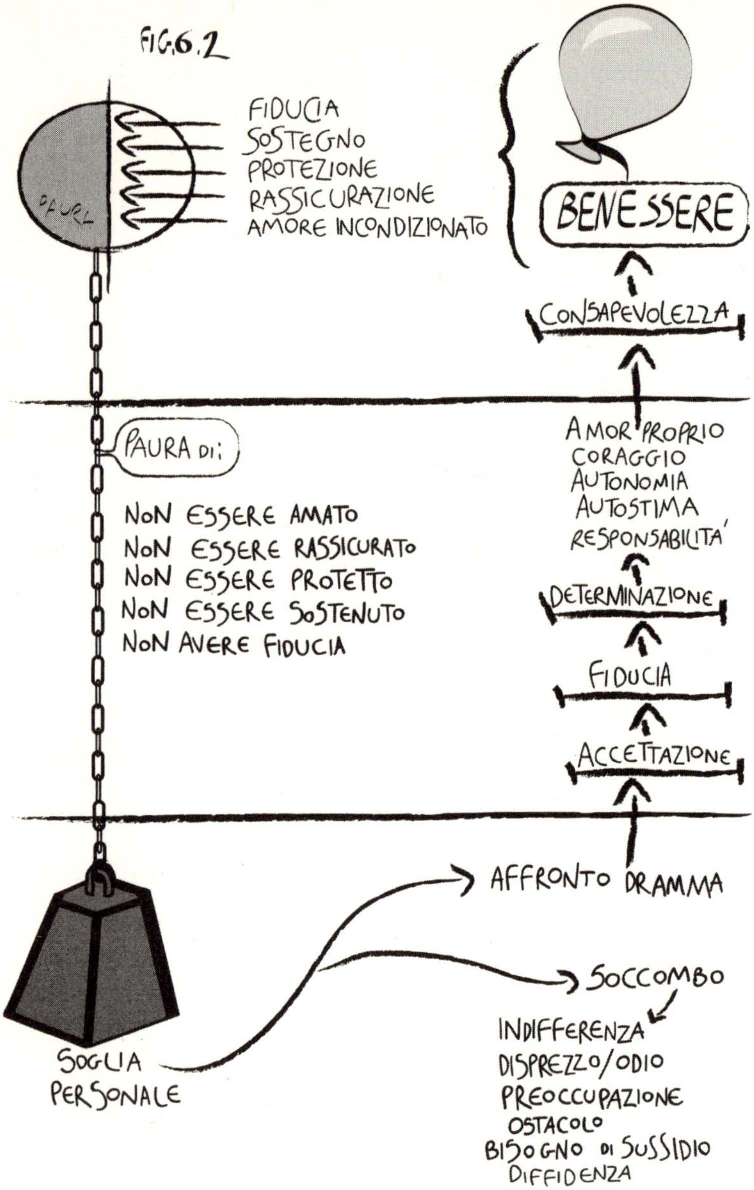

Riepilogo dei vari passaggi.

plesso solare. Sì, proprio lì dove sentite le rane nella pancia, le stesse rane che sono definitivamente uscite dalla pancia.

E allora anche il nostro modo di respirare cambia. E la respirazione torna a essere quella di un neonato. La respirazione dei neonati è "di pancia". Confrontatela con quella di un adulto, meglio ancora se si tratta di un adulto in crisi. Questa sarà invece alta, come se l'aria non potesse andare più giù, in profondità, laddove hanno sede le emozioni che, in quanto temute, sono state messe sotto chiave.

La respirazione è molto importante, per questo è necessario re-imparare a respirare bene. Perché sia chiaro: l'ossigeno sta alle emozioni come la luce alle basse frequenze. La luce disintegra le frequenze negative (zavorre) e noi torniamo a sentirci leggeri. E quando siamo leggeri è decisamente più facile andare in alto. E, in alto, si sta davvero bene e la prospettiva da cui si guarda il mondo è quel bene. Qualunque situazione ci troviamo ad affrontare.

Per concludere, una storia zen, che pare sia stata raccontata da Buddha in un sutra:

La tigre e la fragola

Un uomo che camminava in un campo s'imbatté in una tigre. Si mise a correre, tallonato dalla tigre. Giunto a un precipizio, si afferrò alla radice di una vite selvatica e si lasciò penzolare oltre l'orlo.

La tigre lo fiutava dall'alto. Tremando, l'uomo guardò giù, dove, in fondo all'abisso, un'altra tigre lo aspettava per divorarlo. Soltanto la vite lo reggeva. Due topi, uno bianco e uno nero, cominciarono a rosicchiare pian piano la vite. L'uomo scorse accanto a sé una bellissima fragola. Afferrandosi alla vite con una mano sola, con l'altra spiccò la fragola. Com'era dolce! (Nyogen Senzaki e Paul Reps, *101 storie zen*, Adelphi, Milano 1973)

Siamo allo sprint finale: adesso abbiamo capito chi siamo e quali sono le nostre potenzialità. I due piani successivi specificano meglio che cos'è questo mondo e avanzano un'ipotesi sul suo funzionamento.

SETTIMO PIANO

Siamo il centro del nostro mondo

C'è una premessa da fare, ma, vi avverto, se optate per la sottoscrizione, questo libro non avrà più alcun senso per voi. A meno che non abbiate un camino e siate a corto di legna.

Tutto nasce da una gran confusione tra *causa* e *conseguenza*. Allora, vediamo di fare chiarezza una volta per tutte.

Se credete che il mondo sia un luogo dove capitano fatti ineluttabili ai quali, una volta coinvolti, non potete far altro che reagire con vittimismo, sofferenza, rabbia, lamentele, rassegnazione, sdegno, sperando che non capiti nulla più di male, e tutto avvenga in modo assolutamente casuale, allora gettate il libro nel camino... E in bocca al lupo, ne avrete davvero bisogno.

Per quanto mi riguarda io non sono disposta a crederlo. Se pensassi che le cose stanno davvero così, credo che mi sparerei un colpo. Che razza di miserabile vita sarei costretta a vivere? Mi sentirei una cavia in una scatoletta dove qualcuno si diverte a osservare come mi muovo. E io non sono un topolino bianco!

L'unica mossa possibile, l'unica che preveda almeno una dose minima di libertà sarebbe dire: «No, grazie!». E senz'altro lo direi *(Fig. 7.1)*.

Un'ipotesi sul funzionamento del mondo che proprio non ci interessa.

Invece credo che le cose stiano in tutt'altro modo.

E precisamente così (**FIG. → PAG. X**).

C'è un microcosmo: io, tu, noi, voi… Ognuno rappresenta un microcosmo.

C'è un macrocosmo: il mondo.

Dal microcosmo "io" parte una proiezione di me, costituita da pensieri e azioni, che entra nel macrocosmo "mondo". Il macrocosmo mondo funge da specchio rispetto alle proiezioni emesse e ripropone al microcosmo "io", sotto forma di esperienza, ciò che ho proiettato nel macrocosmo mondo, sotto forma di pensieri e azioni. Quindi proiezione ed esperienza sono fatte della stessa qualità. E la qualità dipende dal tipo di azione e pensiero: zavorra o palloncino?

E adesso chiariamo uno degli equivoci più diffusi: ciò che parte da noi è la causa, ciò che torna a noi sotto forma di esperienza è la conseguenza. Non il contrario. Quindi, se la realtà che ci circonda non ci soddisfa, occorre cambiare qualcosa nella proiezione.

Se facciamo le linguacce allo specchio, non possiamo né arrabbiarci per ciò che lo specchio riflette, né aspettarci che sia lo specchio a smettere per primo. Ciò che ci accade dipende da noi, solo da noi: con chi dovremmo prendercela?

Post scriptum: inutile anche rompere lo specchio. La storia di Biancaneve insegna: rompendo lo specchio la realtà non cambia, semplicemente non viene più riflessa. Anzi, così perderemmo l'occasione di ricevere un segnale, un feedback importantissimo per capire a che punto siamo. O per sapere dove intervenire e apportare le giuste modifiche. È un po' come dal sarto: non ha senso barare e dare le misure sbagliate. Alla prima prova salterà fuori tutto.

Esempio: volete un aumento di stipendio, e andate dal vostro capo, timidamente, senza troppa convinzione, per chiedergli l'aumento. Cosa credete che vi risponderà? Proiezione ed esperienza sono fatte della stessa qualità: il capo vi "rimbalzerà".

I pensieri e le azioni sono l'origine di ogni nostra esperienza. Perciò è inutile prendersela con gli altri, capo compreso.

Ciò che torna sotto forma di esperienza dobbiamo considerarlo l'*input in ingresso*. In questo caso il rimbalzo. Che cosa decidiamo di farne dipende da noi: affrontiamo? E come affrontiamo e superiamo?

Riflettiamo e cerchiamo di capire dove abbiamo sbagliato. Evitiamo di incolpare l'altro o di fare le vittime o, o, o… Non c'è "o" che tenga! In funzione del modo in cui affrontiamo le varie situazioni della vita, possiamo dare inizio a un circolo al rialzo o a un circolo al ribasso: «la realtà è divinamente indifferente» (Bach).

La scelta sta a noi. Solo a noi *(Fig. 7.2).*

Punto cruciale.

Infatti, la differenza che possiamo fare nella nostra vita è in funzione di come affrontiamo e superiamo l'input in ingresso.

Abbiamo almeno due possibilità: possiamo reagire, e la reazione è per definizione uguale e opposta allo stimolo in ingresso. Quindi, nella reazione c'è l'input.

Oppure possiamo agire, e l'azione avviene successivamente all'elaborazione dei dati in ingresso forniti dall'input. In funzione di questi dati, metteremo in atto un comportamento dettato dalla nostra scelta rispetto a che cosa sia meglio fare per affrontare la situazione esperienziale che stiamo vivendo.

Nell'azione ci siamo noi. Noi siamo in quell'elaborazione dati (un fatto unico, individuale) che precede l'azione di risposta.

Per esempio, passa un tizio e vi dà degli idioti. E voi, per reazione, gli date del deficiente.

Se dovessi chiedervi perché, di rimando, gli avete dato del deficiente, molto probabilmente mi rispondereste: «Perché *lui* mi ha dato dell'idiota».

Ebbene, nella vostra risposta non ci siete voi, c'è "lui" come causa che ha provocato la vostra reazione. A questa stregua, chiunque, conoscendovi un pochino,

Zavorra o palloncino?

potrebbe innescare in voi qualsiasi tipo di risposta perché quest'ultima sarà in funzione sua e non vostra. Siete nella posizione di robot telecomandati a distanza. E non trovo affatto saggio distribuire in giro il proprio telecomando e mettersi così alle dipendenze di chicchessia.

Rifacciamo.

Passa un tizio e vi dà degli idioti. Voi state in silenzio, ci pensate un attimo e poi commentate: «Che deficiente!».

Se, a questo punto, dovessi chiedervi ragione del vostro commento, molto probabilmente mi rispondereste: «Perché ritengo (soggetto = *io*!) che uno sconosciuto che ti passa accanto e ti dà dell'idiota non possa essere altro che un deficiente, cioè uno a cui manca qualcosa: con ogni probabilità una rotella!».

Capite che suona in tutt'altro modo?

Qui ci siete voi. *Voi* avete deciso che quella era la risposta che vi rappresentava al meglio in quel dato momento. *Voi* siete i protagonisti della situazione che vi coinvolge, non l'altro.

Ora, per la proprietà transitiva – che magari in questo caso c'entra poco, però è un'espressione che mi piace un sacco – ogniqualvolta vi "sorprenderete" a utilizzare, in risposta al perché di un vostro pensiero o di una vostra azione, la frase «Perché lui/lei/loro...», tenete ben presente che si tratta di una RE-azione, e che nella RE-azione non ci siete voi.

Nessuno può decidere per voi, a meno che non siate voi a consegnargli il potere di farlo (telecomando).

Voi siete liberi di fare ciò che volete, sempre. E quando nella risposta ci siete voi, allora siete già nella soluzione e non più nel problema.

Immaginate un contenitore, per esempio un bicchiere, che per molto tempo avete riempito di latte. Se a un certo punto decideste di iniziare a versarvi acqua, non dovreste sorprendervi del fatto che l'acqua contenuta nel bicchiere non sia limpida, inodore e insapore: ci saranno tracce del latte che vi avete versato fino a un momento prima.

Ora, per alcuni questa potrebbe essere un'ottima scusa per tornare a riempire il bicchiere di latte. Conoscerete senz'altro l'espressione: «Tanto non cambia mai niente. Allora tanto vale bere il latte!». E si sorprendono che in un bicchiere dove fino a un momento prima è stato versato latte – *breaking news* – rimanga il sapore di latte! Ma no, davvero?

Accettazione. Fiducia. Determinazione. Consapevolezza.

Se accettate il fatto che il bicchiere contenga tracce di latte e perseverate nel riempirlo di acqua con fiducia e determinazione, nonostante l'iniziale retrogusto (fase di transizione), siete d'accordo che alla fine le tracce di latte scompariranno del tutto? E l'acqua sarà limpida, inodore e insapore?

Se l'acqua è davvero ciò che volete, non credete che valga la pena di procedere con determinazione finché sarà proprio acqua ciò che avrete?

Voi siete quel contenitore: potete cambiare approccio alla vita, ma non potete sostituirvi completamente a voi stessi. Il nuovo approccio produrrà i suoi effetti, soprattutto se saprete miscelare bene tra loro i quattro ingredienti giusti: accettazione, fiducia, determinazione, consapevolezza.

Gli effetti del vecchio approccio potranno mostrarsi ancora per qualche tempo, ma alla fine sarà quello nuovo a prevalere.

Non credo nei cambiamenti repentini. Cambiare è difficile e i veri cambiamenti sono lenti e profondi. E sapete perché cambiare è difficile? Perché se fosse facile, cambieremmo in continuazione senza coerenza e stabilità.

La difficoltà ci aiuta a focalizzarci meglio su chi siamo e su quale cambiamento si renda necessario per noi. La difficoltà ci fortifica aiutandoci a comprendere quanto crediamo nella scelta che stiamo operando, in relazione a quanto siamo disposti a mettere in gioco pur di raggiungere l'obiettivo. Talvolta noi per primi stentiamo a credere nella possibilità di cambiamento, salvo poi illuderci di poterlo fare in un tempo brevissimo e senza grande impegno.

Siamo sempre liberi di scegliere almeno tra due alternative. Magari una è solo meno peggio dell'altra, però c'è. Sempre. «Com'era dolce!».

Proviamo a immettere fiducia nel macrocosmo – il nostro specchio – e il tipo di esperienza che vivremo, sapendo che è della stessa qualità di ciò che immettiamo, sarà un'esperienza di abbondanza.

La fiducia è un pensiero-palloncino.

La qualità del pensiero è ciò che definisce la qualità di una proiezione.

Allo stesso modo, possiamo immettere bisogno e verificare che l'esperienza che vivremo, verosimilmente, sarà di mancanza: bisogno e mancanza sono infatti della stessa qualità *(Fig. 7.3)*.

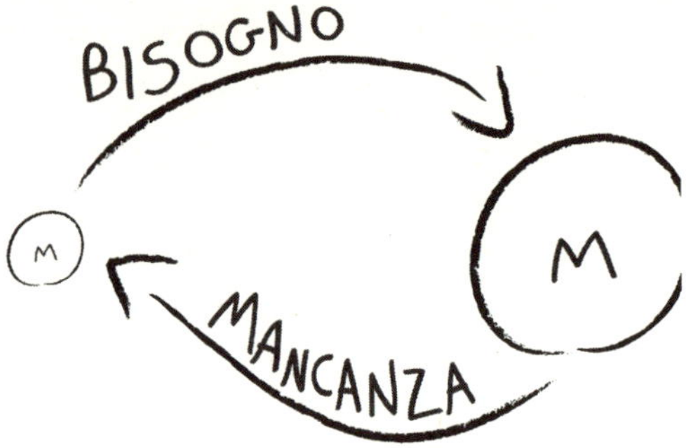

FIG.7.3

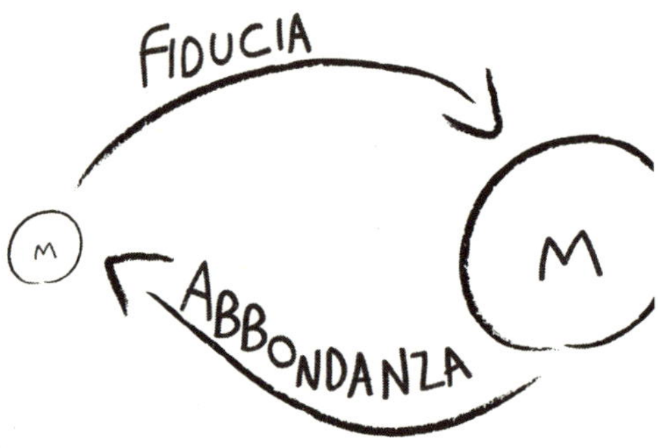

In funzione di ciò che immetto ottengo un risultato diverso.

Allora, facciamo un patto, e quello che sto per dire dovrete prenderlo come oro colato perché non sono disposta ad accettare contestazioni.

Rileggete con attenzione l'esempio del bicchiere e del latte, poi pensate a una situazione della vostra vita che volete cambiare e per un po' di tempo attenetevi alle istruzioni: modificate il vostro atteggiamento e mantenetelo costante. Con fiducia e determinazione. Poi fatemi sapere quale miracolo siete riusciti a operare.

Solo se non dovesse funzionare, darò ascolto alle vostre proteste. Vi informo comunque che sono circa quindici anni che svolgo la professione e mai nessuno è tornato a dirmi che il metodo non funziona. Anche perché non starei scrivendo questo libro, ma avrei cambiato lavoro: riesco bene solo in ciò in cui credo.

È vero che di belle teorie è pieno il mondo, e io non voglio convincervi che questa sia migliore di altre. Senza perdere troppo tempo a cercare la teoria numero uno – tra l'altro non credo esista – sceglietene una che abbia al centro del suo interesse l'uomo, e quella sarà una buona teoria. Ho detto l'uomo, non i soldi, il successo, il potere, eccetera eccetera. Poi applicate questa teoria in tutti gli ambiti della vostra vita. La personalizzerete e diventerà il vostro rinnovato stile di vita. Punto.

Potreste scoprire quanto sia davvero dura cambiare, potreste incontrare mille resistenze ma anche capire quanto valga tutto l'impegno che il cambiamento richiede.

Il punto cruciale è non disquisire sul perché ci troviamo dove ci troviamo, ma essere pronti a mettere in atto quanto serve per invertire la tendenza.

È importante rendersi conto che ogni persona, ogni situazione che entra nella nostra vita lascia un pacchetto e ne ritira un altro *(Fig. 7.4)*.

Ogni pacchetto – e poco importa quanto l'involucro possa essere bello o brutto – contiene un dono.

Ogni dono si chiama esperienza.

Ogni esperienza costituisce parte di un bagaglio: più il bagaglio risulta ricco e variegato, più saremo liberi di andare dove vogliamo. Se accettiamo alcune esperienze scartandone a priori altre, è come se, nel nostro bagaglio, accumulassimo solo costumi da bagno. Potremmo arrivare ad avere tantissimi costumi, ma scordiamoci di andare in montagna.

Chiara la metafora?

Allora, lo scopo è arrivare su su con fiducia e determinazione accumulando il maggior numero di pacchetti, ossia doni, ossia esperienze possibili. Né belle né brutte, semplicemente esperienze. Su fino a conquistare la consapevolezza che consente di andare oltre il giudizio di un mondo duale… su, al di sopra del bene e del male.

A questo punto avrà preso definitivamente forma l'idea che le cose dipendono da noi molto più di quanto siamo disposti a credere. Il lato positivo è che dipendono da noi e noi siamo prossimi alla consapevolezza.

Nonostante possa risultare molto più impegnativo di quanto ci piacerebbe credere, se lo vorremo davvero, riusciremo a cambiare qualcosa nel nostro modo di pensare e/o agire per influenzare di conseguenza la realtà esperienziale che stiamo vivendo.

Spesso paragono il mio lavoro a quello di un dietologo: vi fornisco delle indicazioni, vi suggerisco un metodo. Ma siete voi a fare la dieta. Siete voi a dover cambiare il vostro stile alimentare, e non per quindici giorni. Una dieta è come un diamante: è per sempre.

Nel nostro caso ciò che vogliamo è cambiare l'approccio mentale (stile di vita) che ci procura sofferenza.

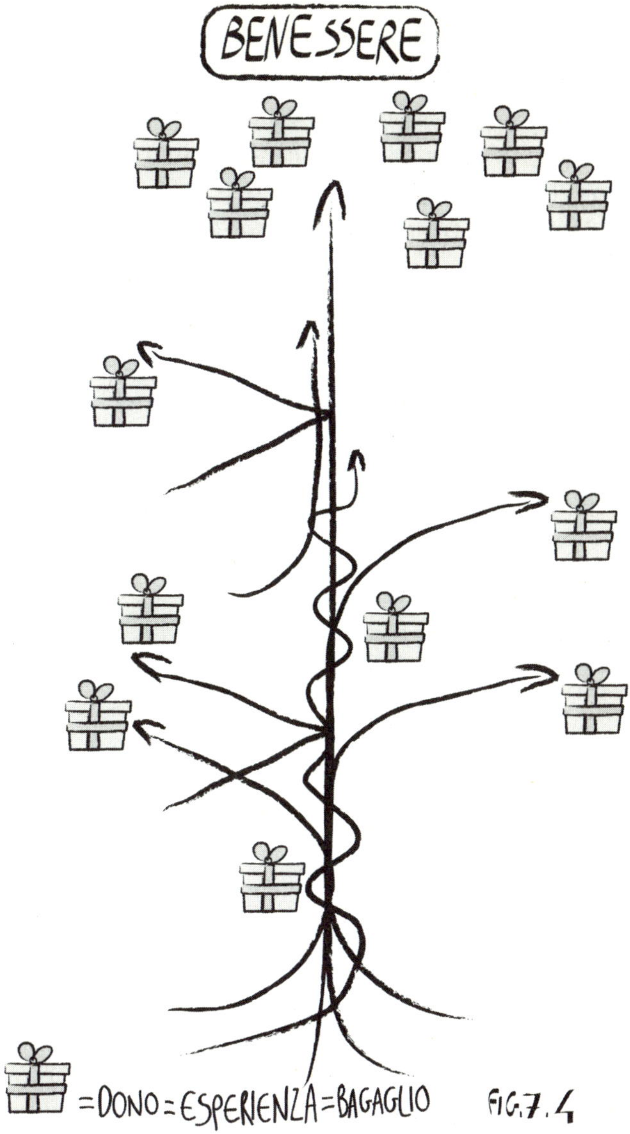

Scoprire il dono dell'esperienza conduce al benessere.

E abbiamo visto che il cambiamento dipende da noi. È una questione di fiducia: immettiamo fiducia nel macrocosmo e vivremo sotto forma di esperienza il cambiamento.

Perché è quando muoviamo un passo in direzione del destino che questo ci viene incontro *(Fig. 7.5)*.

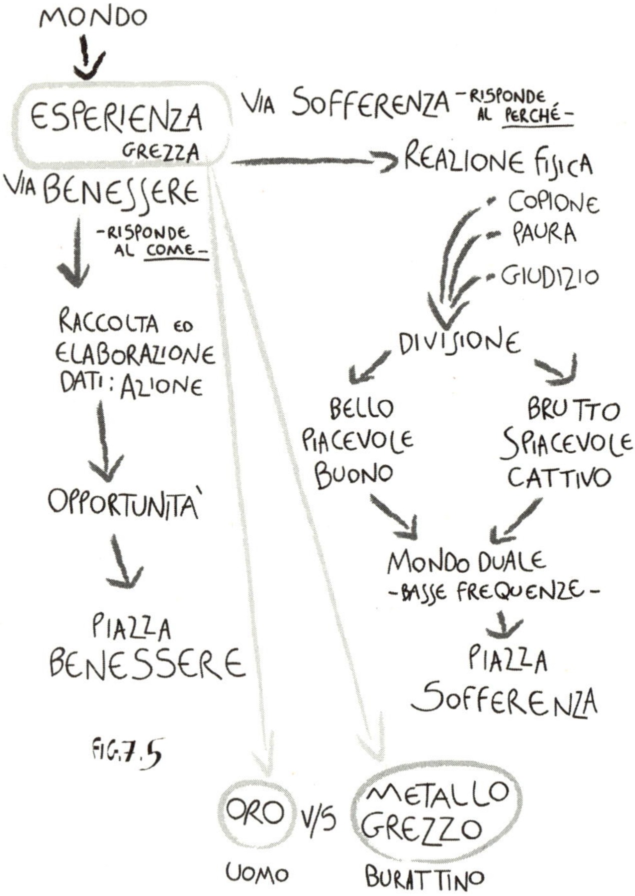

Imparare a scegliere Via Benessere.

OTTAVO PIANO

«Acqua-acqua, fuoco-fuoco»: attenzione ai segnali

La fortuna non esiste. Esiste chi osa e ottiene
e chi è rimasto a guardare e può solo limitarsi
a esclamare: «Che fortunato!».
Altra cosa è il destino, cioè la realizzazione
di ciò che si è nel profondo, ma che si confonde
tra i mille abbagli della realtà che presumiamo tale.

Abbiamo visto che possiamo tranquillamente considerarci il centro del nostro universo.

E attraverso i nostri pensieri, le nostre azioni e le nostre scelte, possiamo muovere il nostro destino.

Emettendo segnali (frequenze) sempre più chiari, tutto ciò che via via ci circonderà sarà in linea proprio con quei segnali.

Se vogliamo A ma al contempo scopriamo di temerlo, come possiamo inviare un segnale chiaro?

A si sentirà attratto e respinto allo stesso tempo.

Dunque, lucidità! Una cosa è certa: se vogliamo davvero A e A non arriva, a un qualche livello inconscio lo stiamo anche respingendo. Morale: invece di lamentarci del fatto che A non arriva, chiediamoci perché in qualche modo lo stiamo respingendo e, soprattutto, decidiamoci a cambiare qualche variabile, in modo da creare le condizioni per produrre un risultato diverso. E il gioco è fatto!

Vi propongo un esercizio. Prendete un foglio e disegnatevi nel centro. Aggiungete qua e là dei punti che rappresentano le situazioni e le persone che vi circondano. Prendete quindi il vostro colore preferito e disegnate dei cerchi che, partendo da voi, si propagano a onda a tutto il foglio: quello siete voi quando emanate la frequenza "io in purezza".

Se riuscissimo a emanare la frequenza io in purezza, senza interferenze, otterremmo tutto ciò che pensiamo, nel momento stesso in cui lo pensiamo (si chiamano miracoli e se hanno un nome è perché esistono!).

In realtà, non siamo in grado di fare miracoli perché non siamo in grado – non ancora, almeno – di emettere la nostra frequenza in purezza, quindi quanto ho affermato sembra impossibile.

Ciò che invece emaniamo è un mix di frequenze che, all'esterno, producono lo stesso effetto di una radio mal sintonizzata: le voci si sovrappongono, creando confusione e molto spesso anche fastidio **(Fig. → pag. XI)**.

Ciò che in questo modo siamo in grado di attrarre sono comunque esperienze utili, che chiameremo "situazioni propedeutiche" o "persone propedeutiche" e che ci aiuteranno a capire in quale direzione ci dobbiamo muovere.

Molto spesso poi, pensando di essere furbi, anziché concentrarci sull'emanare io in purezza, mettiamo in atto strategie o manipoliamo la realtà, sempre per il bisogno di controllo di cui fatichiamo a liberarci.

E che cosa otteniamo?

Al solito, facciamo un esempio, per chiarire meglio il concetto.

Ci troviamo al bar per un caffè, io e te.

Mi raggiunge un amico.

Te lo presento e tu rimani affascinata.

Mi allontano per andare in bagno e, nel frattempo, lui ti chiede il numero di telefono e ti lascia il suo. (Ma non fare come i miei amici che poi si dimenticano di contraccambiare e presentarmi a loro volta qualcuno!).

Quando torno è fatta…

Chiacchieriamo un po', poi il mio amico se ne va e tu, entusiasta, mi racconti cos'è successo e mi dici che hai intenzione di chiamarlo la sera stessa.

Conoscendo il mio amico, ti consiglio di lasciar perdere perché lui è un tipo fatto così: se lo chiami subito, ciao! Allora tu, confidando in me, attendi e rinvii la chiamata.

Ma, guardando la cosa dalla prospettiva delle frequenze che emani, che cosa stai muovendo?

Non emani "io" ma la strategia "s" che ti ho invitato ad adottare.

Ora, può anche essere che la cosa sortisca qualche effetto: il mio amico, non ricevendo subito la tua chiamata, penserà che tu sia un tipo interessante, ma, in realtà, chi è interessante, tu o la strategia che hai adottato?

Poniamo che a questo punto lui si senta attratto e che faccia un passo nella tua direzione. Trovandoti interessante, ti chiama.

Mentre siete al telefono, smetti di recitare il ruolo della stratega e per un attimo torni te stessa e gli proponi di uscire a cena.

Basta quell'attimo in cui torni te stessa per passare dall'essere interessante all'essere incalzante: «Cena? Di già? Noooo».

Ti ritrovi improvvisamente respinta. A questo punto mi chiami allarmata, mi racconti e io ti tranquillizzo: lui è fatto così, non vuole sentirsi pressato. Morale: per una settimana torni alla strategia e non ti fai sentire. Lui pensa allora che magari è stato troppo affrettato, forse non sei poi così incalzante. Ti chiama e vi accordate per un aperitivo.

A questo punto è lui a compiere un passo nella tua direzione.

Quando uscite, non riesci a essere diversa da quello che sei – per fortuna – e così il mio amico si allontana di nuovo.

Questo tipo di rapporto l'ho battezzato "rapporto tiraemolla" (sì, tutto attaccato!).

Le persone che attiriamo con la strategia non sono quelle giuste per noi. È un fatto. Occorre farsene una ragione. Non bisogna ostinarsi, perché questo atteggiamento si chiama fissazione e non ci consente di procedere. Tu non sei sbagliata, lui non è sbagliato: semplicemente non andate bene insieme, non siete la combinazione vincente.

È il caso di comprenderlo subito per evitare anni di inutili "tiraemolla".

È solo rimanendo in sintonia con noi stessi, accettandoci per quello che siamo, che potremo costruire rapporti autentici, quindi relazioni. Di solito invece sprechiamo un mucchio di energie e di tempo a inseguire qualcosa o qualcuno che non ci apparterrà mai.

Dobbiamo imparare una volta per tutte a scattare delle Polaroid delle persone e delle situazioni. Quindi, senza usare Photoshop, chiederci se possiamo ritenerle davvero adatte e utili per noi.

Invece, per lo più, guardiamo quelle Polaroid sovrapponendovi le modifiche che abbiamo già apportato nella nostra mente affinché le persone risultino "perfette" per noi e le situazioni utili. Questo è l'errore. È l'aspettativa di cambiamento dell'altro. Ma se l'altro decide – a diritto – di rimanere quello che è, allora pane e delusione per mesi! E, lo sappiamo bene, non è certo la dieta ideale per il benessere.

Il modo giusto per trovare la nostra strada rimanda al gioco "Acqua-acqua, fuoco-fuoco": ve lo ricordate? Ci giocavamo da bambini. Nascondevamo un oggetto e il nostro amico doveva trovarlo. Per guidarlo dicevamo «Acqua-acqua» quando l'oggetto era molto lontano dal punto in cui lo cercava. Al contrario, quando si avvicinava, per indirizzarlo dicevamo «Fuochino-fuochino» e infine «Fuoco» nel momento in cui era finalmente arrivato in prossimità del traguardo.

Che c'entra questo vecchio giochino da bambini con i discorsi fatti finora?

Se, nell'ambito del gioco, l'amico (situazione/persona propedeutica) ci dice «Acqua-acqua», è inutile imprecare contro di lui per la brutta notizia, perché è un fatto, e lui non c'entra nulla, si limita a verificare dove ci troviamo rispetto a dove dovremmo essere in funzione dello scopo, e a comunicarci la nostra posizione ad alta voce. E comunque, se vogliamo essere agevolati nel ritrovamento, è chiaro che ci tornerà utile seguire le sue indicazioni.

Sembra banale ed evidente quello che sto dicendo, vero?

Eppure, nella vita, tutti i giorni giochiamo ad "Acqua-acqua, fuoco-fuoco" e quando qualcosa va storto (= acqua-acqua rappresenta una situazione/persona propedeutica), anziché cambiare direzione – ovvero prestare attenzione alla proiezione che stiamo facendo e alla frequenza che stiamo emettendo, perché evidentemente quella intrapresa ci allontana dallo scopo – ce la prendiamo con gli eventi. A volte maledicendoli o lamentandoci di trovarci in determinate situazioni. E se qualcuno ci invita a riflettere sull'opportunità che può eventualmente celarsi dietro fatti apparentemente avversi, lo liquidiamo – ma prima ancora lo fulminiamo, solo per aver osato pronunciare la parola opportunità relativamente a quella circostanza – affermando che [*proseguire la lettura in tono lamentoso*] possiamo farne volentieri a meno, che le opportunità non ci interessano e neppure ci interessano le informazioni [*fine del tono lamentoso*], mentre in realtà rappresentano l'unica vera indicazione sulla direzione da prendere.

Vi invito a prestare grande attenzione a come procede la vostra esistenza. Adesso avete tutti i dati indispensabili per capire che il cambiamento dipende strettamente e assolutamente da voi.

Non commettete ancora lo stesso errore di duemila e rotti anni fa. Questa volta non gridate «Ba-ra-bba, Ba-ra-bba!» solo perché vi fa paura assumervi la responsabilità della vostra vita o perché vi sembra impossibile che possiate farcela o, ancora, semplicemente perché siete pigri e non ve la sentite di provarci con determinazione. Mettere a tacere non significa cambiare o cancellare una verità. Anche se è sicuramente più facile confrontarsi con le mezze verità (Barabba) e uscirne vincenti.

L'universo vi osserva e, in funzione di come vi muovete, di tanto in tanto vi informa se siete o meno nella giusta direzione. Se non lo siete, vi risulterà in qualche modo chiaro in funzione delle esperienze che vi troverete a vivere. E per fortuna!

Perché se ci muoviamo nella direzione sbagliata e ci viene data l'opportunità di capirlo, possiamo cambiare direzione e risparmiarci della strada inutile.

In caso contrario, passerà forse molto tempo ma poi, nostro malgrado, dovremo prendere atto che le cose non potevano che andare in quel modo, dove l'universo ci indirizzava.

Provate a riflettere sulle vostre esperienze passate e ditemi che non è così!

A tutti è capitato di trascinare delle situazioni per paura di dare un taglio definitivo, salvo poi arrivare, esausti, a dover comunque compiere quel taglio! E lo so per certo non perché io sia una maga, ma semplicemente perché non esistono fatti sorprendenti: se dobbiamo trascinare qualcosa per poterla avere con noi, di certo non ci serve. Se ci è utile, ci segue e basta.

Chi mi ama, mi segua.

Quando è la paura a vincere tanti set lasciandovi a zero, allora capita che prenda il sopravvento su di voi. La vita vi sfugge di mano a vantaggio della paura, cioè investite nella paura anziché nel benessere. Per segnalarvi questo cambiamento di rotta, come abbiamo detto sopra, il vostro sé può scatenare attacchi d'ansia o veri e propri attacchi di panico.

E vi ricordate che cos'è un attacco di panico?

L'attacco di panico è un sintomo di vita: è la vita stessa che vi comunica che è lì, è viva e si rifiuta di soffocare, di soccombere sotto la stretta del compromesso, venendo a patti con ciò che *non* siete, con ciò in cui *non* credete, con un potere fasullo. Ascoltate attentamente questo sintomo e inizierete a vivere davvero. È un bene che ciò accada: come potreste comprendere altrimenti? Senza comprensione, non esiste possibilità di intervento. E non c'è possibilità di porre rimedio.

Come dicevo, lo stesso Albert Einstein invitava a prestare attenzione alle coincidenze della vita e a riflettere sull'opportunità di un cambiamento.

Ignorando le resistenze che si incontrano, ci si imbatte di situazione/persona propedeutica in situazione/persona propedeutica fino ad arrivare a quella che chiamo soglia personale.

Ognuno ha la propria e la soglia è rappresentata da un bivio: da una parte c'è l'"apriti Sesamo" del cambiamento («Adesso basta!»), dall'altra la cronicizzazione di un pensiero di ineluttabilità («Soccombo»: depressione cronica, pazzia, gesti estremi e definitivi).

C'è chi, dopo un paio di situazioni avverse, arriva a saturazione e si sente pronto a pronunciare l'"apriti Sesamo" e chi invece ha una soglia molto più alta e deve accumulare più situazioni/persone propedeutiche prima di decidersi a dire: «Adesso basta».

Quello che conta è imparare giorno dopo giorno ad abbassare il livello di soglia e fare in modo che sparisca del tutto: in questa meravigliosa esistenza, non c'è nulla che dobbiamo sopportare. E non hai mai senso farlo.

Anche qui vale la pena ricordare dove ha avuto origine l'ineluttabilità di cui a volte cadiamo vittime. Così, tanto per correre il rischio di eliminarla definitivamente dal linguaggio universale.

Avete presente l'espressione: «Il tavolo è brutto e cattivo» (e infinite, analoghe varianti usate quando un bambino cade, inciampa o sbatte contro qualcosa)?

Costruiamo la situazione: un bambino gioca, corre in direzione del tavolo del soggiorno e, calcolando male le distanze, picchia inavvertitamente la testa contro lo spigolo. Il genitore, o chi ne fa le veci, si avvicina al tavolo e gli dà dei colpetti esclamando: «Tohtoh... Brutto, cattivo». A chi? Al tavolo! Se fossimo sotto osservazione marziana, rischieremmo di passare per un popolo poco evoluto e addirittura un po' idiota!

Come si fa a dire «Brutto, cattivo» a un tavolo? L'intervento mira a distrarre il bambino dal dolore "incolpando" un oggetto.

Ora, se la cosa si fermasse qui, nulla di rilevante. Ma nell'affermazione «Il tavolo è brutto e cattivo» si nasconde un messaggio davvero pericoloso che viene passato al bambino: «Tu, piccola creatura innocente, non hai alcuna responsabilità di ciò che è successo. È il tavolo il solo colpevole di averti fatto male, infatti è brutto e cattivo». Da cui: «Cara piccola innocente creatura, esistono fatti contro cui noi comuni mortali nulla possiamo, se non subire in silenzio». Che si traduce in: «Esistono fatti ineluttabili: prima ci rassegniamo, meglio è!».

Capite la portata di una comunicazione del genere?

Se fosse davvero colpa del tavolo, se fosse il tavolo a essere brutto e cattivo, il bambino che potrebbe mai fare? Nulla. E questo messaggio è pericolosissimo, ed anche se siete giunti fin qui, tanto varrebbe gettare il libro nel camino.

Le implicazioni sono che tutte le volte che gli succederà un guaio, il bambino tenderà a "incolpare" qualcosa o qualcuno o, peggio ancora a "subire rassegnato", invece di stare più attento e imparare la lezione.

Ora vi chiedo: siete sicuri di voler passare un tale messaggio ai vostri bambini? Volete davvero che crescano portandoselo dietro? Volete che diventino adulti così?

I danni che «Tohtoh… Brutto, cattivo» creano nel bambino dipendono dal messaggio implicito connesso. Vale a dire: «Il tavolo, non tu, è il responsabile del tuo dolore. Tu non ci puoi fare nulla. Sono fatti ineluttabili della vita: rassegnati!».

Per nostra fortuna, abbiamo verificato che le cose non stanno affatto così. Il tavolo è solo un tavolo. Il tavolo era già lì, giusto? Bene, allora, perché semplicemente non invitare il bambino a prestare maggiore attenzione?

In questo modo, il messaggio connesso sarà: «Se stai attento, puoi evitare di farti male». Qui c'è una lezione da imparare: stare attenti.

E così prepareremo il bambino a gestire meglio le situazioni della vita. Se poi provvederemo anche a lenire il dolore con del ghiaccio e a consolarlo, perfetto.

Se non avete bambini, ma i vostri genitori erano del tipo "tavolo brutto e cattivo", non disperate. Adesso lo sapete e potrete prestare attenzione, no, non a evitare gli spigoli, non più, piuttosto a smettere di credere che la colpa di quanto accade a voi sia da attribuire ad altri da voi. Una illusione! La realtà è che noi siamo i soli responsabili (responsabili, NON colpevoli) di ciò che ci accade e gli unici in grado di porvi rimedio.

E il destino torna nelle mani dei legittimi proprietari: Noi!

Allora, chissenefrega dei luoghi comuni, chissenefrega di quel che sembra giusto. “Prestiamo attenzione” ai messaggi che partono da noi e arrivano a chi è intorno a noi e facciamo in modo che corrispondano ai requisiti fondamentali: “È ciò che voglio?”, “Il ristorante è chiuso”.

Poi facciamo in modo che con accettazione, fiducia, determinazione e consapevolezza ciò che parte da noi abbia le qualità di amore, coraggio, autonomia, autostima, responsabilità e faremo esperienza di amore incondizionato, ci sentiremo rassicurati, protetti, sostenuti e fiduciosi perché avremo compreso.

È solo in questo modo che si conquista il benessere, il paradiso, una vita beata.

Adesso siamo pronti per essere licenziati.

Sia chiaro: aggiudicarvi la licenza di chissenefrega è la vostra *chance* di rimediare all’incapacità dell’adolescente che siete stati di passare attraverso il sano e onesto egoismo. Va bene, non ce l’avete fatta allora, ma oggi potete cambiare la storia a partire da voi, e chissenefrega!

NONO PIANO

Licenza di "Chissenefrega!"

Siamo al nono piano, finalmente!

Una volta, a Saronno, il nono piano dell'ospedale era quello "dei matti". Mi viene in mente perché adesso, e solo adesso anche voi siete pronti per dire: «Chissenefrega». Preparatevi: vi daranno dei pazzi.

Ma sia chiaro: poter dire «Chissenefrega» è un privilegio, un lusso che non tutti si possono permettere nell'accezione che intendiamo qui. Ecco un'equazione per capire: la licenza poetica sta ai poeti come il «Chissenefrega» sta ai consapevoli. E quanti consapevoli pensate ci siano al mondo? Ebbene, quei pochi potranno capire, ma vi posso garantire che tutti gli altri no. Per loro sarete solo dei folli. E, in questa accezione, viva la follia!

Siete giunti fin qui consci che non ci sono certezze. Ma, pur nell'incertezza che vi circonda, siete sicuri di aver compreso chi siete e quali cambiamenti volete attuare *voi*, non quali cambiamenti *gli altri vorrebbero che faceste* o quali cambiamenti vorreste che *gli altri facessero*!

Se avete finalmente deciso che non volete essere kamikaze emotivi, iniziate a dire ciò che pensate e… chissenefrega!

Iniziate a fare ciò che volete e chissenefrega. Se è proprio ciò che volete, sarete anche disposti ad assumervene la responsabilità.

Perché ciò che volete ha un valore, e le conseguenze sono la moneta di scambio che dovete essere disposti a pagare.

Adesso che avete licenza di "chissenefrega", potrete applicarla a tutti i piani della vostra vita: quando i pensieri vermosi-zavorrosi invieranno la tentazione per tirarvi giù, e continuare a nutrirsi di voi, usando la tecnica del "tormento del perché", voi risponderete: «Perché? Chissenefrega!».

Facciamo una precisazione: a differenza di chi ha licenza di chissenefrega, il menefreghista non opera alcuna valutazione dei fatti e quindi non è disposto ad assumersi alcuna responsabilità delle conseguenze. Il menefreghista si lascia scivolare tutto addosso senza la minima consapevolezza di cosa sia quel tutto. Quindi non sceglie. Non solo: non si rende nemmeno conto di trovarsi davanti a una scelta.

Il licenziatario di chissenefrega invece opera sempre una scelta.

La differenza è la stessa che passa fra l'idiota e il saggio: possono anche giungere a dare la stessa risposta ma, è certo, la prima è una REazione (e quando c'è RE- di mezzo...) mentre solo quella del saggio corrisponde a un'azione perché solo il saggio conosce la ragione di quella scelta.

Il licenziatario di chissenefrega è il bambino nel quale si è trasformato il burattino Pinocchio: ha provato tutto, ha commesso molti errori, ma ha anche avuto l'opportunità di apprendere delle lezioni, e solo adesso ha compreso cos'è bene per lui. E un burattino senza copione, non ha più bisogno dei fili. Ecco la trasformazione.

Una differenza fondamentale, vero?

Per concludere vorrei condividere con voi la mia personale idea di "giudizio universale". Se la cosa non vi aggrada, teletrasportatevi direttamente al piano attico.

Lasciate libera l'immaginazione.

Sono morta, la mia anima si congeda dal corpo e sale in cielo, dove ad attenderla c'è Dio – un vecchio saggio con tanto di lunga barba bianca e tunica bianca e azzurra – che se ne sta lì, seduto sulla sua inseparabile nuvoletta.

A un certo punto, dopo avermi scrutata per qualche attimo (ora sono la mia anima!), mi dice: «Ciao, come ti chiami?».

E io candidamente rispondo: «Elena».

«Bene, Elena,» continua lui «se sei qui è perché hai appena concluso la tua esperienza sulla Terra... Che mi dici, in proposito? Com'è andata?».

«Ma, direi bene... È stata un'esperienza interessante, illuminante, a volte divertente altre difficile».

«Bene, Elena, e dimmi, mentre vivevi tutte queste esperienze, quanto sei riuscita a essere te stessa?».

«Non saprei quantificare. Diciamo che sono riuscita a esserlo sempre più spesso nel corso degli anni. Mentre altre volte, per paura, sono stata semplicemente educata, formale».

«E che cos'è l'educazione?».

«Mah, l'educazione è un processo attraverso il quale l'individuo riceve e impara quelle particolari regole di comportamento che sono condivise dalla famiglia di appartenenza, così come dalla società, con lo scopo di creare ordine e armonia».

«Capisco. E quante persone educate conosci?».

«Milioni».

«Quindi immagino che sulla Terra regnino ordine e armonia, è così?».

«No, per niente. In realtà l'educazione crea una gran confusione perché ci distrae da noi stessi, da chi siamo in realtà».

«Capisco. E comunque, appurato che non funziona, continuate a usarla?».

«Sì, la convinzione comune è che non funziona perché non tutti sono educati. E non perché ti obbliga a recitare una parte dentro la quale dopo un po' finisci per esplodere. E per fortuna!».

«Bene. Allora, Elena, prenditi il tempo che vuoi e quando ritieni di essere pronta, torna sulla Terra con questa missione: essere te stessa e non uniformarti ad altri milioni di persone. Anche se può risultare molto, molto impegnativo: il dono più grande che l'uomo possiede è l'unicità. Quando ognuno di voi riuscirà nello scopo di essere unico, sarete unici nella vostra pluralità. E in quell'unità scoprirete..., be', lo scoprirete da voi».

Questa è l'idea che ho del giudizio universale. E siccome mi piace credere che sia proprio così, ho deciso di iniziare la mia "seconda vita" con la missione di essere unica.

A parte l'integrità che riusciamo a costruire dentro di noi, tutto il resto appartiene al "velo di Maya", ovvero non è che illusione, solo illusione.

Ciò che ci circonda esiste solo perché si abbia l'opportunità di sperimentare, misurarsi, crescere in funzione delle scelte che opereremo, affermandoci come individui, fino a superare la dualità delle due metà e divenire un'unità, un uno integro e intero.

Allora, chissenefrega dell'educazione.

Chissenefrega dell'approvazione altrui.

Chissenefrega, punto.

Sperimento e decido cosa fare e come comportarmi esclusivamente in funzione di ciò che ritengo sia meglio per me in un dato momento e sulla base del feedback che ricevo dalle mie azioni: se dico o faccio qualcosa e concludo che va bene, bene!

Altrimenti rettifico, correggo, mi scuso. Ma, una volta per tutte decido di tagliare i fili invisibili e subdoli del controllo che esercitano su di me i dettami precostituiti, i condizionamenti, gli schemi sociali – nel migliore dei casi – nonché il bigottismo e il moralismo.

Basta con «non *si* deve», «non *si* fa». Basta con il "*si*" impersonale!

E poi, chi l'ha detto che non *si* deve, che non *si* fa?

Allora potete essere certi che, quando fate o dite qualcosa, è perché vi va di dirlo o di farlo. Non sarà più un dire e un fare educato, quindi imposto e finto.

Vi immaginate che mondo meraviglioso sarebbe il nostro se smettessimo di fingere in continuazione? Certo, ammetto che all'inizio sarebbe il caos completo, ma dopo il caos?

Secondo me, è un rischio che varrebbe la pena correre.

Un po' come quando dobbiamo far ordine e pulizia in una stanza: se non mettiamo in conto di passare attraverso il massimo caos – e spostare i mobili, togliere i libri dalle mensole e magari imbiancare le pareti significa creare un gran caos – come possiamo sperare di riordinare e pulire?

In realtà, l'educazione è stata inventata perché fa comodo. È più facile nascondersi che avere il coraggio di mettersi in luce. Sotto la luce diventiamo visibili, attaccabili, vulnerabili e, soprattutto, la finzione non ha bisogno di eroi. E sappiamo fin troppo bene che fine fanno gli eroi, quelli veri.

Il filosofo greco Diogene, piuttosto che ossequiare il potere e scendere a compromessi, si contenta di mangiare lenticchie tutti i giorni… E allo sprezzante Aristippo che gli dice: «Se tu imparassi ad adulare il re, non dovresti accontentarti di un piatto di lenticchie» riponde: «E se tu avessi imparato a vivere di lenticchie, non dovresti adulare il re».

Ora, il punto è: non siamo tutti uguali e se vi va bene il compromesso buon per voi. È un vostro bisogno e, se sta bene a voi… Poi però "vietato rompere"! Cioè, fate a meno di sentirvi in colpa e di trovare mille giustificazioni e cento responsabili su cui riversare tutto per sentirvi scagionati. È questo il vero problema! Scendete a compromessi, ma volete essere visti come i Diogene della situazione, quelli tutti d'un pezzo, i corretti. Ammettete che vi va bene così, no? Non rendereste tutto più facile? Al massimo sareste additati come ciò che effettivamente siete.

E se invece avete respinto il compromesso, "vietato rompere" vale anche per voi. Smettetela di guardare indietro, di ripensare a quel che vi siete lasciati alle spalle:

non è necessario far sapere a tutti che siete degli eroi, gli unici e i soli costretti a immolarsi per la salvezza del mondo. Non stava bene a voi scendere a compromessi. Non è più che sufficiente?

Chissenefrega di essere Superman…

Chissenefrega di essere Wonder Woman…

La parola d'ordine sul pianeta Terra è benessere. È il benessere che fa la differenza nella vita. Quando stiamo bene, che altro ci serve?

Diogene preferisce non sottomettersi al re e vivere decorosamente; Aristippo preferisce vivere nell'agiatezza adulando il sovrano.

Non trovate che ognuno dei due abbia le sue buone ragioni per buona pace di tutti?

Il vero punto da capire è che tutti i circoli viziosi (al ribasso) e la ricerca dei tormentosi particolari (che, indovinate dove ci portano…), nascono da un'unica condizione: non stare bene con sé stessi.

E, guarda caso, soddisfare la condizione "benessere" è il nostro preciso compito in quest'avventura sulla Terra. In funzione di questo, potremo vivere la vita da zavorrati, ritrovarci a brancolare nel buio più completo e avere la sensazione di essere all'inferno oppure, al contrario, vivere in totale leggerezza, da re del nostro regno nel giardino dell'Eden: a nostra esclusiva discrezione. NOSTRA ESCLUSIVA DISCREZIONE (tanto perché sia chiaro che non si tratta di un errore di stampa).

Adesso sappiamo che si può fare. Magari all'inizio non ci risulterà facile e magari commetteremo degli errori prima di riuscire definitivamente, e allora? Abbiamo deciso: ci interessa che sia possibile, non facile.

Qualcuno potrebbe prenderci di mira e farci notare che abbiamo fallito perché è l'unico modo che conosce per accettare meglio i suoi fallimenti. In passato è già successo: la storia si ripete, ma ora possiamo fare la differenza con la nostra risposta.

Allora chissenefrega… noi andiamo avanti ricordando le avventure di Pinocchio, le sue orecchie da asino e il risultato che comunque ha raggiunto.

Qualcuno potrebbe anche spettegolare su di noi. Anche questa non sarebbe una novità.

Chissenefrega di dar retta ai pettegolezzi! Dieci persone che assistono a un incidente raccontano dieci versioni diverse dell'accaduto. Su dieci persone ciascuna ci dipinge in modo diverso: allora non è il caso di smettere di preoccuparsi di ciò che pensa la gente? Il quadretto che hanno fatto di noi è una loro creazione, non siamo noi. Noi siamo una creazione divina, non quella di chissà chi, tanto vale smettere di dar retta alle voci, anche perché "sentire le voci" è un sintomo di schizofrenia.

Tra l'altro, se dieci persone che assistono a una stessa scena la riferiscono poi diversamente è la prova che non esiste una realtà oggettiva, ma solo una realtà soggettiva, e ognuno di noi, in quanto soggetto, vede la propria realtà in modo unico. Allora, ciò che dobbiamo fare è imparare a guardare questa presunta realtà dalla prospettiva migliore!

E, infine, qualcuno potrebbe tradirci. La storia è piena di esempi, ma anche qui: chissenefrega… non siamo sempre forti. Tradisce chi è debole e privo – magari anche solo momentaneamente – di coraggio. Prendiamone

COSA MI VA DI FARE?
FACCIO CIÒ CHE MI VA DI FARE
MI È PIACIUTO?
SE SÌ!
SE NO!
LO RIFARÒ
HO SCOPERTO UN PEZZO IN PIÙ DI "CHI SONO IO"
NON LO RIFARÒ

FIG. 9.1

atto e andiamo avanti, adesso che sappiamo accettare la realtà.

Allora, massima libertà! **(Fig. → pag. XII)**

Se le nostre scelte risultassero incomprensibili alla maggior parte della gente, chissenefrega. La maggior parte della gente non deve decidere della nostra vita, né deve vivere la nostra vita, né tantomeno imporci come viverla. Solo noi possiamo decidere.

Cosa ci va di fare? Innanzitutto facciamo, poi, in un secondo momento, ci chiederemo se ci è piaciuto. Se la risposta sarà: «Sì», avremo scoperto un pezzetto in più di "chi sono io". E se la risposta sarà: «No», avremo scoperto un pezzetto in più di "chi sono io". E abbiamo visto quanto sia determinante sapere chi siamo.

Ci trovate qualcosa di male in questo modo di procedere? E lo chiedo a voi, non a vostra madre, a vostro padre, moglie, marito, fidanzato, figlio, amico, collega, vicino di casa, perfetto sconosciuto…

Di loro, chissenefrega!

Lo chiedo a voi *(Fig. 9.1)*.

E non preoccupatevi nemmeno troppo di essere "bravi": non avete più bisogno della caramella né dell'approvazione di alcuno. Essere bravi ha costi troppo alti, fidatevi. Lasciarsi andare, anche a rischio di sembrare idioti-incoscienti-irresponsabili, è liberatorio. Perché un conto è sembrare, un conto è essere.

Ragionare così alimenta il benessere, significa essere avanti, e questo non è assolutamente un reato. Anche se, a pensarci bene, Galileo fu accusato di eresia. E, per quanto ci illudiamo, il mondo non è poi così cambiato da quei tempi. Nella sostanza, intendo.

Comunque, ora siamo pronti a correre il rischio di essere noi, sempre più fedelmente noi.

I bambini più piccoli, fateci caso, non comprendono i pregiudizi. Non li vedono, e quindi non ne tengono conto. Per loro tutto è semplice: se stanno bene, bene. Fine della faccenda.

Per i più grandi, invece, per quelli cioè già contaminati, si fa tutto più difficile. Usano la logica sociale e non la semplicità.

E la logica dipende da regole di riferimento, "i postulati", dalle quali trae la propria origine. E i postulati di una società sono utili in un determinato periodo per creare il tanto ambito ordine, ma duri a morire anche quando la logica è solo fine a sé stessa. Ed è così che i ragazzini iniziano a parlare esattamente come i loro genitori e a dire cose a cui non credono davvero.

Dobbiamo invertire la tendenza: io, tu, noi, voi e, alla fine, lentamente sarà tutti. E quando arriveremo a "tutti", allora il mondo sarà cambiato a partire dal cambiamento di un singolo.

E per i più scettici aggiungo: è vero, il discorso potrebbe risultare poco scientifico. Del resto, troppo spesso la parola "scientifico" è un termine abusato per riempirsi la bocca e chiuderla a qualcun altro. Scientifico o meno, quando vivete serenamente nel benessere, non ve ne preoccupate nemmeno più.

Quindi iniziate a concentrarvi un po' più su di voi e sulle vostre esigenze.

Se va bene, bene.

Altrimenti, indovinate un po'?

Chissenefrega! *(Fig. 9.2).*

FIG. 9.2

Questo libro è un utile compendio per tutti coloro che amano vivere la vita e non discuterla. E per tutti coloro che vogliono correre il rischio di viverla appieno.

PIANO ATTICO

Il nuovo punto di prospettiva

Partiamo dalla domanda iniziale. Chi siamo?

Nasciamo e cominciamo a vivere in un mondo idilliaco, il regno dei beati, che ruota tutto intorno a noi, e disponiamo di un unico ingrediente fondamentale: l'ingenuità.

Poi, crescendo, scopriamo il disincanto. Non tutto è rose e fiori come avevamo sperato…

Conosciamo il dolore, le regole, i doveri, la rabbia…

Tutte zavorre che portano giù.

E quindi zavorra dopo zavorra, ci ritroviamo nella selva oscura.

Scopriamo che, parallelo al regno del benessere, il paradiso dantesco, esiste anche il regno delle zavorre, l'inferno.

E prima o poi ci ritroviamo faccia a faccia con il nostro dramma personale.

Possiamo ancora una volta interpretare uno dei ruoli che spesso ci hanno dato l'illusione di avere il controllo della situazione. E, per qualche attimo, ci sentiamo sollevati. Ma in fondo ci rendiamo conto che mentiamo a noi stessi: non esiste alcun controllo.

Allora comprendiamo che è giunto il momento di gestire le cose in un altro modo, più difficile ma definitivo.

Le prendiamo di petto e le affrontiamo.

Mettiamo da parte i ruoli, anzi, bruciamo definitivamente i copioni scritti in anni e anni di sottomissione alla paura, e via con la libera interpretazione! Adesso esprimiamo ciò che, da dentro, sentiamo sia giusto.

Basta girare in tondo. Bisogna attraversare il dramma una volta per tutte.

E quando lo si attraversa, è per sempre: attraversare significa lasciare un segno dell'attraversamento, una riga che passa proprio in mezzo alla parola "dramma personale". E così lo si cancella per sempre. Ci abbiamo messo una riga sopra... nel senso letterale del termine.

Affrontare le cose in questo modo ha richiesto:

- AMOR PROPRIO: in quanto abbiamo interrotto il gioco al massacro;
- CORAGGIO: abbiamo accettato la sfida;
- AUTONOMIA: abbiamo compreso che ci sono situazioni che si possono affrontare da soli soltanto credendo in sé stessi;
- AUTOSTIMA: abbiamo finalmente compreso che potevamo farcela;
- RESPONSABILITÀ: abbiamo smesso di far finta di niente e ci siamo assunti l'impegno.

Abbiamo cioè colmato i vuoti e abbiamo smesso di compensarli, in una parola: ACCETTAZIONE.

E indovinate: accettazione = palloncino o zavorra?

Palloncino! E su...

Che sospiro di sollievo!

Sollievo = palloncino!

E su… e intanto cresce la FIDUCIA, e tutto inizia a filare per il verso giusto.

Adesso che osserviamo tutto da una prospettiva diversa, riusciamo a scorgere l'opportunità che si celava in quel "dramma personale", che vediamo sempre più distintamente come una nostra "prova personale" da affrontare con DETERMINAZIONE.

Vedere un'opportunità = palloncino! E su…

E risulta evidente il tesoro nascosto proprio laddove non avremmo mai pensato potesse essere: nella difficoltà, nel nostro dramma personale.

Scoprire un tesoro = palloncino! E su…

E, palloncino dopo palloncino, aver cambiato il modo di affrontare le difficoltà dove ci ha condotto? Su in alto, nel regno del benessere, lo stesso regno da cui siamo partiti – "tornare a essere come bambini" – ma non più da incoscienti o per ingenuità, bensì dopo aver conquistato la consapevolezza.

Consapevolezza: questo è l'ingrediente fondamentale che ci consente l'accesso al regno dei beati. L'«Apriti Sesamo» della felicità.

E, quassù, i pensieri a basse frequenze non possono arrivare, si disintegrano come un meteorite al contatto con l'atmosfera.

Siamo protetti perché siamo in alto, non abbiamo più bisogno della campana di vetro per sentirci al sicuro. Vediamo le zavorre, ma abbiamo imparato a considerarle per quello che sono. Perché le zavorre sono zavorre solo finché le subiamo. Poi si trasformano in un «razzo missile con circuiti di mille valvole» e acquisiscono un altro significato, un altro valore.

E comprendiamo che se, per esempio, non provassimo dolore, rischieremmo di morire bruciati senza neppure accorgercene e quindi senza avere la possibilità di fare qualcosa per impedirlo.

E comprendiamo che il dolore è un segnale che ci aiuta. L'«acqua-acqua, fuoco-fuoco» della situazione. È un segnale difficile ma propedeutico. È difficile ammetterlo, ma è bene che ci sia. È una chance in più.

E comprendiamo che la provocazione ci aiuta a capire dove siamo.

Se ci caschiamo, siamo giù. E se l'obiettivo è andare su... Meglio cominciare a cambiare qualcosa.

Se non ci caschiamo, siamo in alto. Allora, se qualcuno ci insulta, noi ridiamo. Perché abbiamo compreso. Qui si aprono le porte del paradiso.

Le porte del paradiso: il piano attico

Un guerriero si recò un giorno da un vecchio saggio e gli domandò: «Esistono davvero il paradiso e l'inferno?».

«Chi sei?» volle sapere il vecchio saggio.

«Sono un samurai» rispose il guerriero.

«Tu, un samurai!» ribatté il vecchio saggio. «Quale governante ti vorrebbe mai come sua guardia? Hai piuttosto una faccia da accattone!».

Il guerriero montò così in collera, pronto a sguainare la spada, e il vecchio saggio continuò: «Sicché hai anche una spada! Ma la tua arma è troppo smussata per poter uccidere!».

A questo punto il guerriero sguainò definitivamente la spada e il vecchio saggio osservò: «Qui si aprono le porte dell'inferno!».
A queste parole il samurai, comprendendo l'insegnamento del maestro, rimise la spada nel fodero e fece un inchino.
«Ora si aprono le porte del paradiso» disse il vecchio saggio.

Elena
giugno 2010, New York

***

Riprendete tutti i fogli compilati fino a qui, rileggeteli e poi, girando il foglio scrivete: «Cosa farei adesso con il "senno di poi"?» *(Fig. 10.1).*

Nella vostra risposta non potranno esserci zavorre e nemmeno reazioni.

Ora, andate sulle tabelline e puntualizzate chi ha vinto nel nuovo approccio adottato. Qui sta l'inversione di tendenza.

La risposta definitiva che darete sarà la nuova traccia da seguire d'ora in poi.

Qui ci trovate il vostro cambiamento. Ognuno il suo.

Bravi!

Esercizio
Fig. → pag. XIV-XVI

FIG. 10.1

Nota dell'autrice

Questo libro è il risultato (in pillole) di quindici anni di lavoro sul campo che sono cominciati con un profondo lavoro su me stessa.

Grazie a questo lavoro impegnativo, sono divenuta d'un tratto consapevole di come a lungo non avessi fatto altro che inseguire una perfezione che non esisteva e non può esistere – almeno non sul pianeta Terra! – perché inconsciamente convinta che fosse l'unico modo per giungere a essere amata incondizionatamente.

Purtroppo, anzi per fortuna, il ragionamento faceva acqua da tutte le parti!

Sì, perché, se già postulavo di dover far qualcosa per meritarlo, che razza di amore incondizionato mai sarebbe stato?

Una volta affrontato, superato e lasciato alle spalle il copione che mi portavo dall'infanzia e avevo rafforzato nell'adolescenza, la mia vita ha definitivamente e letteralmente spiccato il volo!

P.S.: avete trovato scritto per caso da qualche parte che è stato facile? E, a volte, non lo è nemmeno adesso. Però ne è valsa e ne vale tuttora la pena, credetemi!

Leggendo i ringraziamenti alla fine di un libro, ho spesso pensato che un autore dovesse ringraziare soprattutto sé stesso. Oggi, invece, mi ritrovo davanti al mio Macbook a riflettere sulla gioia e la necessità che sento di ringraziare chi è stato per me un aiuto fondamentale, chi mi ha consentito di arrivare a scrivere questo libro e intendo proprio in termini concreti, non solo per il sostegno morale.

Innanzitutto i miei formatori: i passaggi riportati nel libro sono frutto del lavoro che con loro ho cominciato a fare su me stessa e poi ampliato, rivisitato, arricchito, personalizzato e applicato nel mio lavoro. Allora un grazie ai miei primissimi formatori – mamma e papà – e alla mia speciale maestra, Margherita, che ha lasciato un segno indelebile nella mia memoria emotivo-affettiva; a Dede, che mi ha aperto il mondo della psicodinamica; a Riccardo, che mi mi ha condotto dentro quel mondo.

Un grazie particolare a Ron Yang, che mi ha trasmesso il valore dell'umorismo, mi ha preso per mano e mi ha aiutata a spingermi ancora più in profondità e a fare di due mondi uno solo, il mio; a Sonja, che mi ha insegnato a fare del passato il bagaglio dell'adesso. A tutti voi: grazie, grazie, grazie.

E ancora grazie a Sava, la mia insegnante d'inglese del liceo, che incontrata dopo tanti anni mi chiese, perplessa, perché non avesse ancora sentito parlare di me. Un grazie di cuore a lei che non ha mai smesso di credere in me, nemmeno quando, forse per un attimo, stavo smettendo di farlo io.

Un grazie speciale va ai miei nipoti, Gaia e Pietro, e a tutti i miei bimbi per la genuinità e l'entusiasmo che mi trasmettono, così come ai miei amici, primo fra tutti il mio speciale amico Ruggi, fonte inesauribile di tutti gli ingredienti indispensabili perché questa vita sia degna di essere vissuta.

A Silvia che "per caso" ha dato origine a questo manoscritto.

A Elena che mi ha aiutata a portarlo avanti.

A Stefano che mi ha esortato a scriverne una presentazione che poi ha inviato a De Agostini.

E infine un grazie a Valeria, l'ostetrica che ha seguito il parto di questo libro, a Paolo per le sue illustrazioni e la sua infinita pazienza, a chi ha lavorato con me nella fase conclusiva del libro e, in particolare, alla mia "assistente" Saretta.

Grazie.

Finito di stampare
nel mese di settembre 2010
presso L.E.G.O. - Lavis (TN)

SCHEMI RIASSUNTIVI

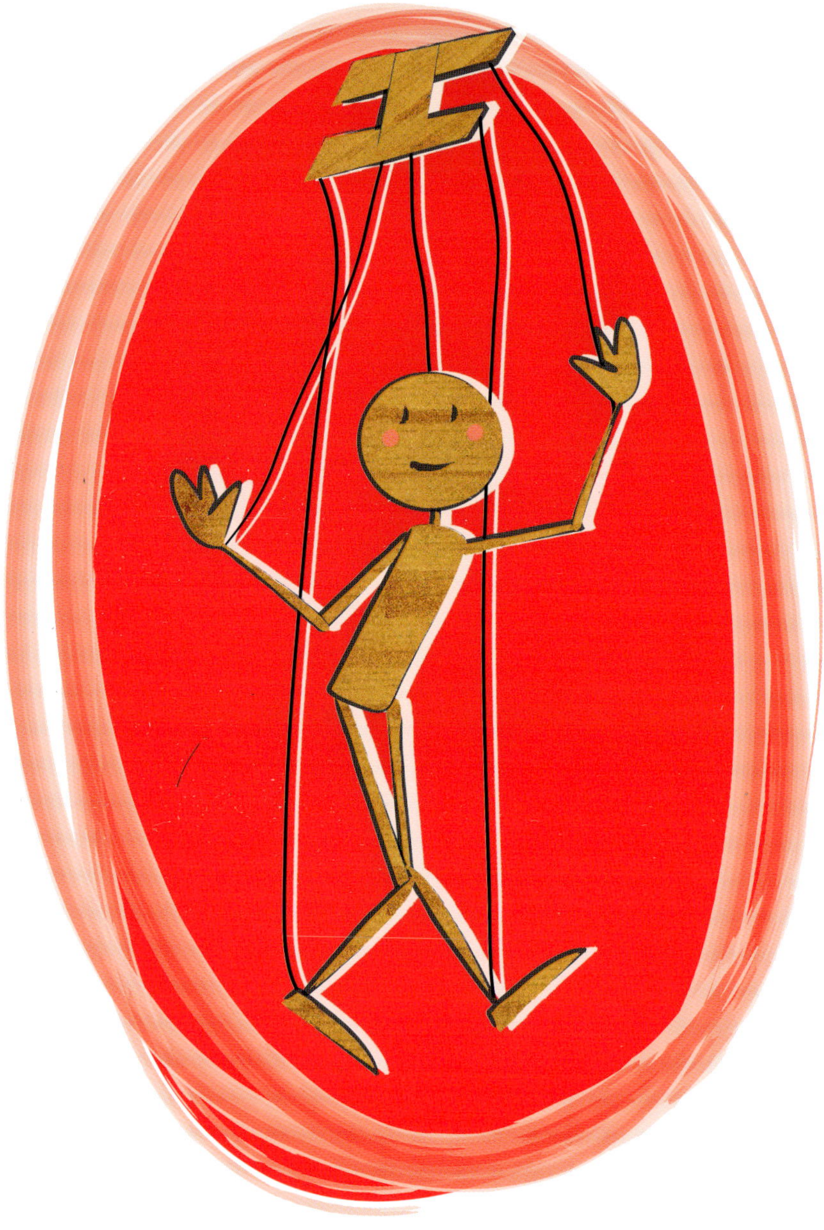

?
UFF!
?

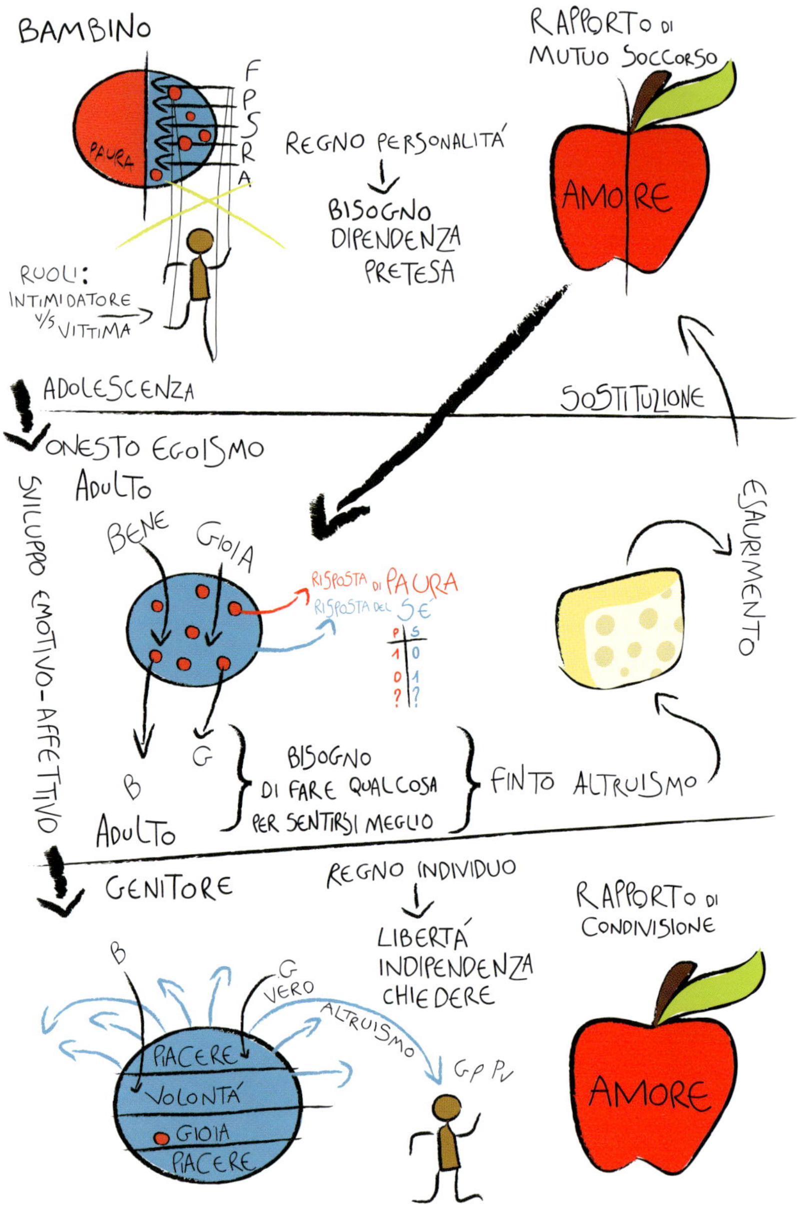
BAMBINO
F
P
S
R
A
PAURA
RUOLI:
INTIMIDATORE
V/S
VITTIMA
REGNO PERSONALITÁ
BISOGNO
DIPENDENZA
PRETESA
RAPPORTO DI
MUTUO SOCCORSO
AMORE
ADOLESCENZA
SOSTITUZIONE
ONESTO EGOISMO
ADULTO
SVILUPPO EMOTIVO-AFFETTIVO
BENE
GIOIA
RISPOSTA DI PAURA
RISPOSTA DEL SÉ
P S
1 0
0 1
? ?
ESAURIMENTO
G
B
ADULTO
BISOGNO
DI FARE QUALCOSA
PER SENTIRSI MEGLIO
FINTO ALTRUISMO
GENITORE
REGNO INDIVIDUO
LIBERTÁ
INDIPENDENZA
CHIEDERE
RAPPORTO DI
CONDIVISIONE
B
G
VERO
ALTRUISMO
GP PV
PIACERE
VOLONTÁ
GIOIA
PIACERE
AMORE

SECONDO PIANO

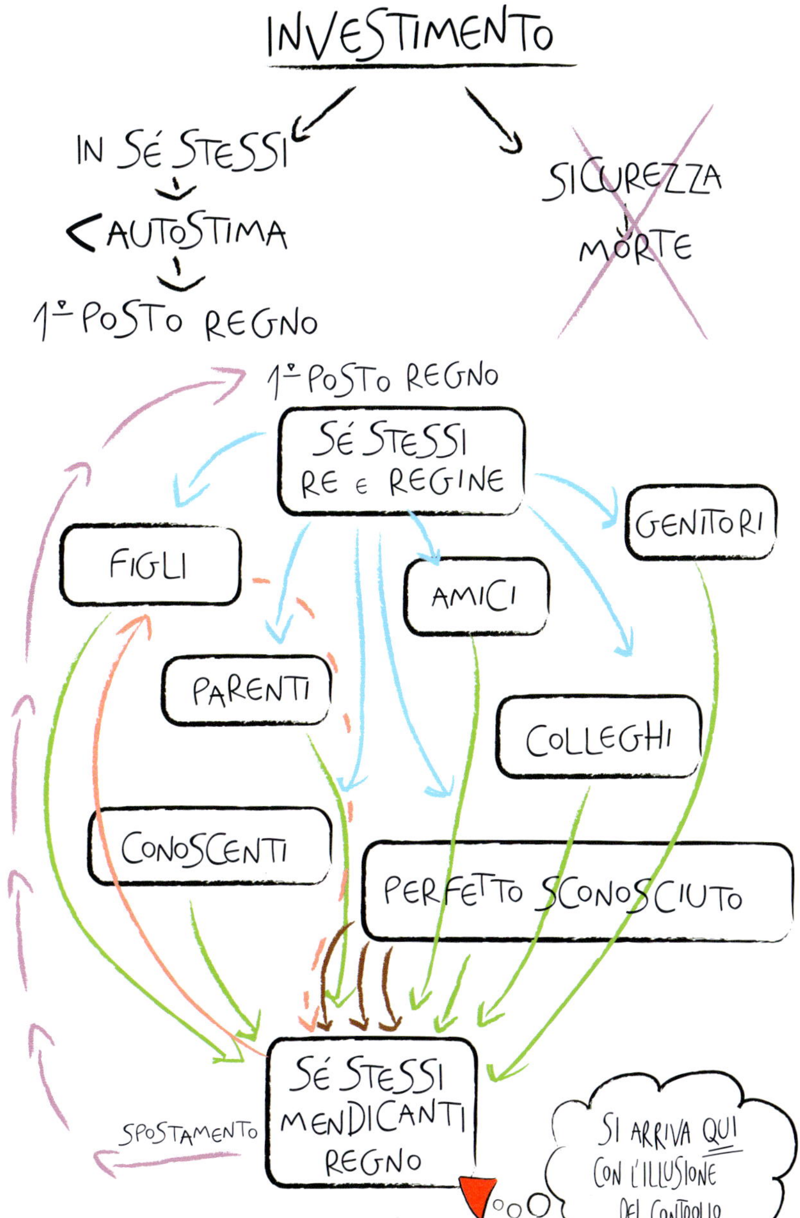

TERZO PIANO

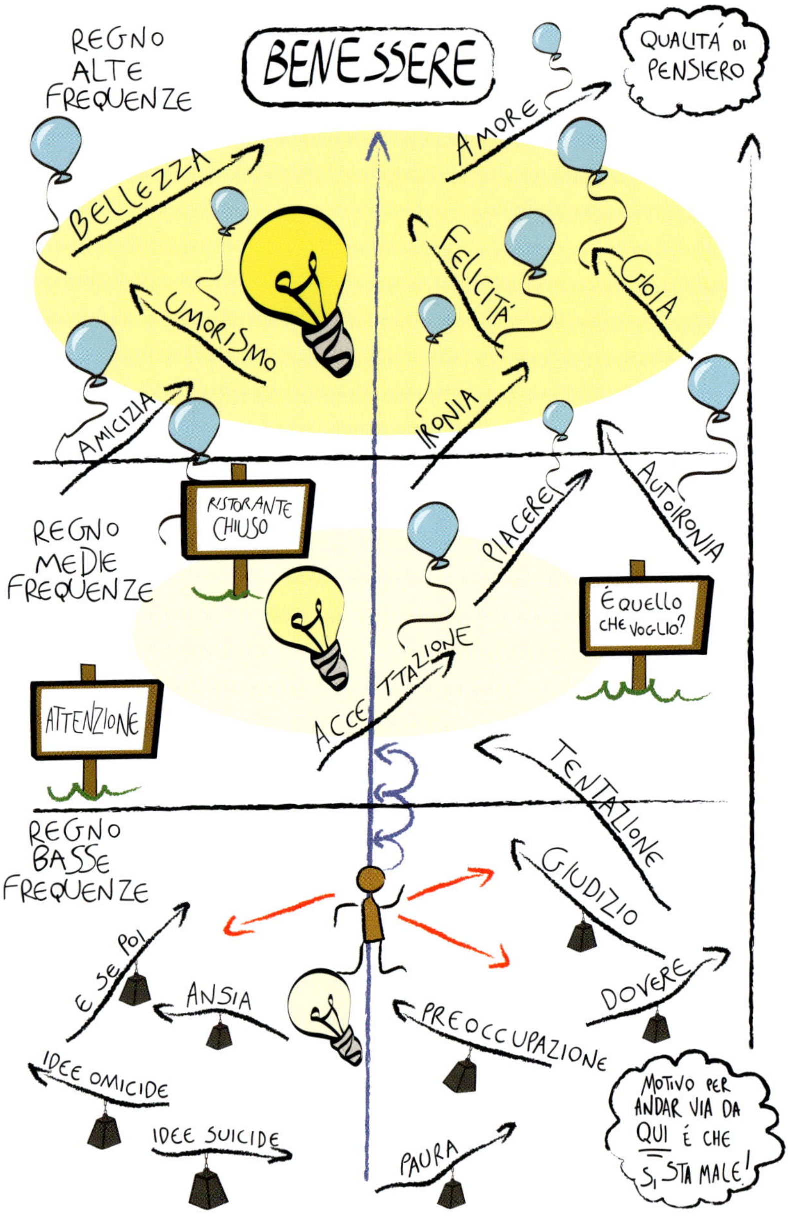
REGNO ALTE FREQUENZE
BENESSERE
QUALITÁ DI PENSIERO
AMORE
BELLEZZA
UMORISMO
FELICITÁ
GIOIA
IRONIA
AMICIZIA
RISTORANTE CHIUSO
REGNO MEDIE FREQUENZE
PIACERE
AUTOIRONIA
É QUELLO CHE VOGLIO?
ACCETTAZIONE
ATTENZIONE
TENTAZIONE
REGNO BASSE FREQUENZE
GIUDIZIO
E SE POI
ANSIA
DOVERE
PREOCCUPAZIONE
IDEE OMICIDE
IDEE SUICIDE
PAURA
MOTIVO PER ANDAR VIA DA QUI É CHE SI STA MALE!

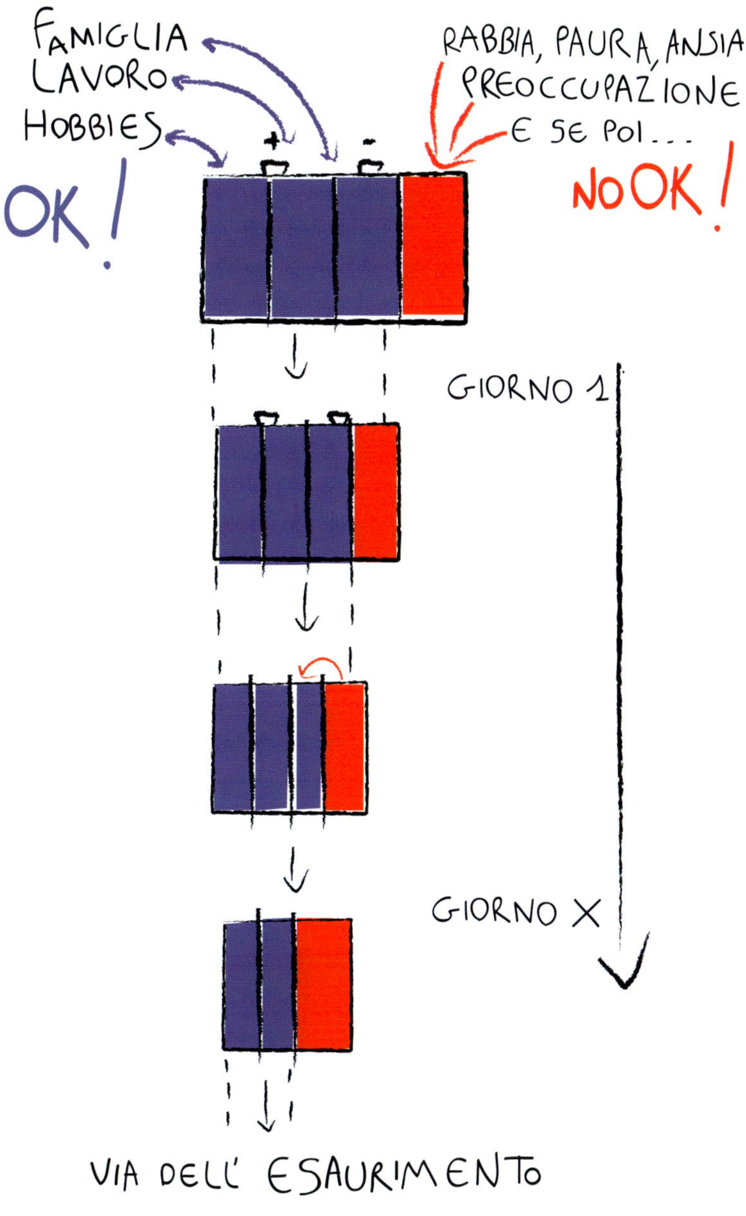
FAMIGLIA
LAVORO
HOBBIES
OK!
RABBIA, PAURA, ANSIA
PREOCCUPAZIONE
E SE POI...
NO OK!
GIORNO 1
GIORNO X
VIA DELL' ESAURIMENTO

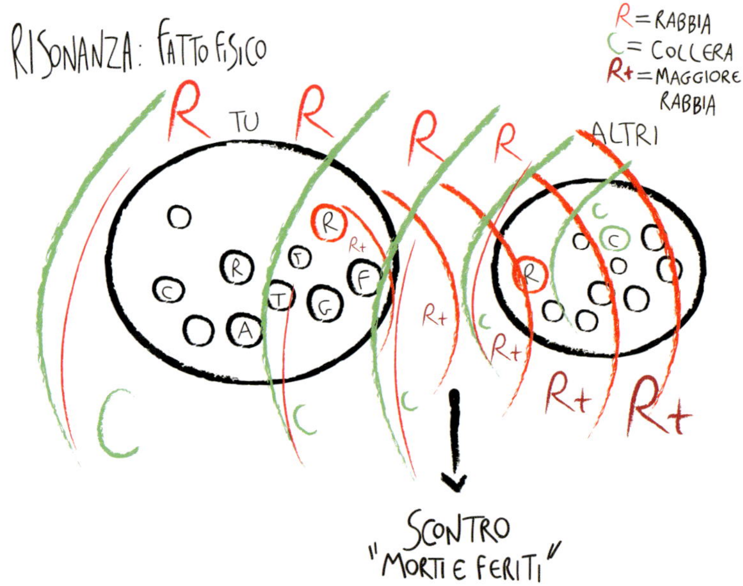
RISONANZA: FATTO FISICO
R = RABBIA
C = COLLERA
R+ = MAGGIORE RABBIA
TU
ALTRI
SCONTRO
"MORTI E FERITI"

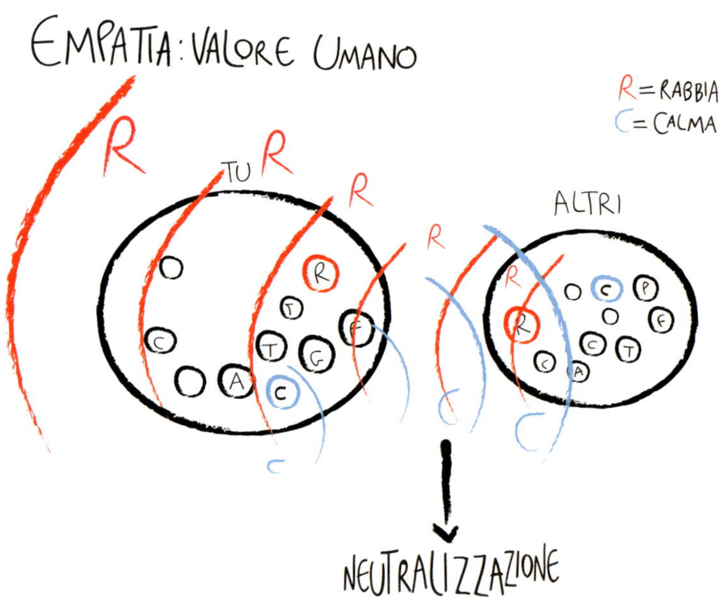
EMPATIA: VALORE UMANO
R = RABBIA
C = CALMA
TU
ALTRI
NEUTRALIZZAZIONE

SESTO PIANO

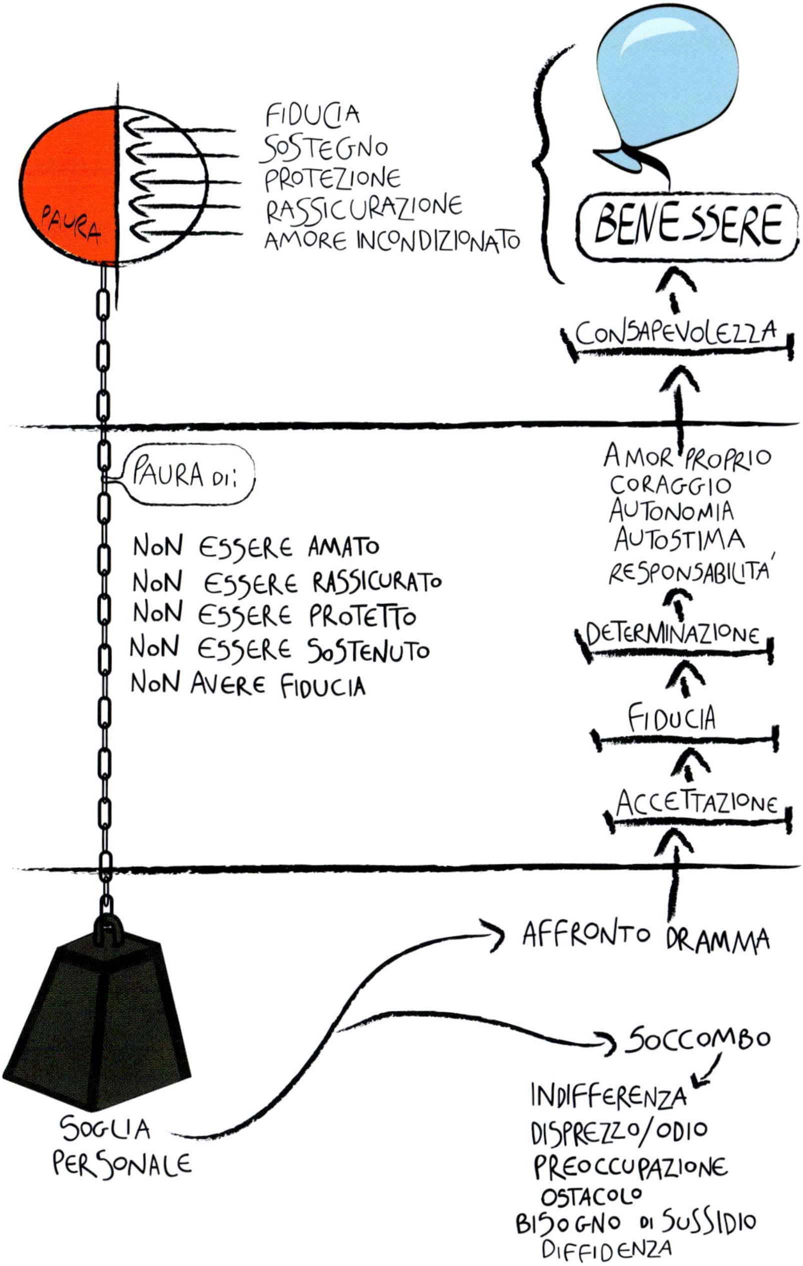
FIDUCIA
SOSTEGNO
PROTEZIONE
RASSICURAZIONE
AMORE INCONDIZIONATO
PAURA
BENESSERE
CONSAPEVOLEZZA
PAURA DI:
NON ESSERE AMATO
NON ESSERE RASSICURATO
NON ESSERE PROTETTO
NON ESSERE SOSTENUTO
NON AVERE FIDUCIA
AMOR PROPRIO
CORAGGIO
AUTONOMIA
AUTOSTIMA
RESPONSABILITÀ
DETERMINAZIONE
FIDUCIA
ACCETTAZIONE
AFFRONTO DRAMMA
SOCCOMBO
INDIFFERENZA
DISPREZZO/ODIO
PREOCCUPAZIONE
OSTACOLO
BISOGNO DI SUSSIDIO
DIFFIDENZA
SOGLIA
PERSONALE

SETTIMO PIANO

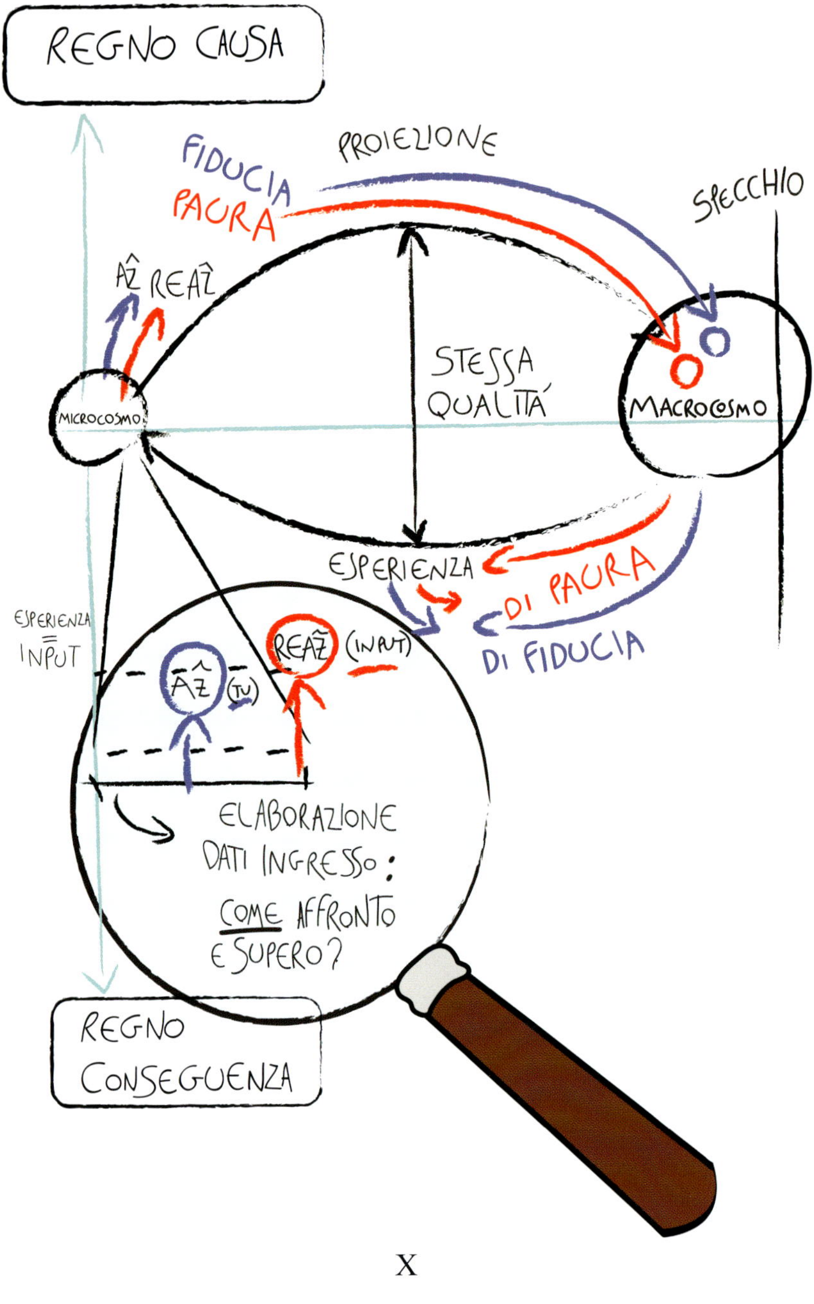

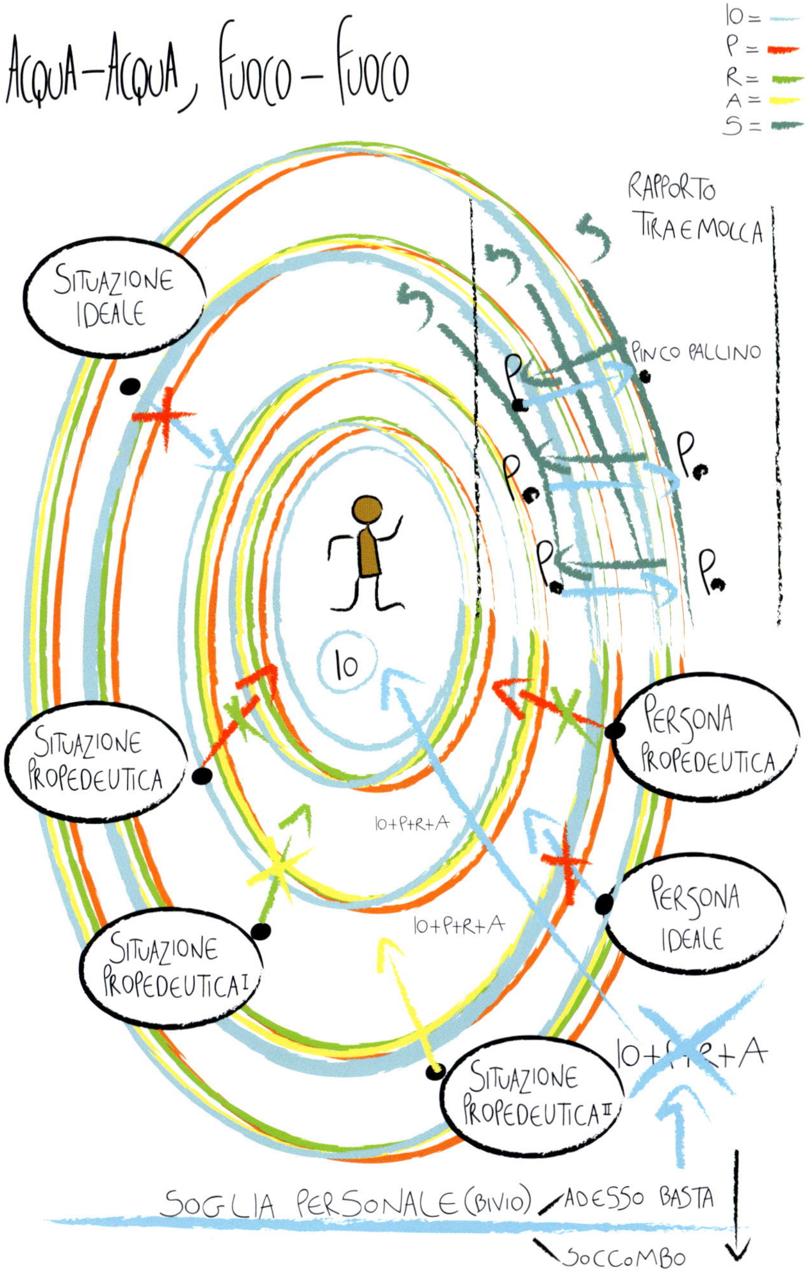
ACQUA–ACQUA, FUOCO–FUOCO
IO =
P =
R =
A =
S =
RAPPORTO TIRA E MOLLA
PINCO PALLINO
P
P
P
P
P
IO
SITUAZIONE IDEALE
SITUAZIONE PROPEDEUTICA
IO+P+R+A
PERSONA PROPEDEUTICA
IO+P+R+A
PERSONA IDEALE
SITUAZIONE PROPEDEUTICA I
SITUAZIONE PROPEDEUTICA II
IO+P+R+A
SOGLIA PERSONALE (BIVIO)
ADESSO BASTA
SOCCOMBO

LICENZA
DI
CHISSENE
FREGA!

PROMEMORIA 1

PROMEMORIA 2

ESERCIZIO FINALE